I0397209

Giovanni de Filippo Giuseppe Marotta

Le notificazioni civili: istruzioni per l'uso

175 risposte sulle notificazioni in Italia degli atti giudiziari nel processo civile e 10 cose da sapere prima di chiedere la notifica all'ufficiale giudiziario

"L'ufficiale giudiziario non é semplicemente colui che garantisce (o, meglio, che dovrebbe garantire) l'esecuzione forzata in caso di inadempimento spontaneo, ma é colui che muove il mondo giuridico, che porta il diritto nelle case, nelle fabbriche, nelle amministrazioni. L' ufficiale giudiziario é, perciò stesso, il diritto che cammina.

Giovanni de Filippo
"La giustizia che cammina"

Introduzione

Se volessimo utilizzare una metafora per meglio comprendere l'importanza del tema, oggetto del presente manuale, potremmo dire che la notificazione è il "motorino di avviamento", nonché il "volano" di tutta l'attività processuale.

Portare a conoscenza il contenuto degli atti giudiziari è attività primaria e indispensabile per dar corso al processo e per mantenerlo in vita: dalla citazione in giudizio alla memoria di comparsa, dalla intimazione dei testimoni alla sentenza, non vi è alcun atto giudiziario che potrebbe ottenere efficacia se non fosse portato a conoscenza delle parti in causa secondo le forme e i dettami del codice di procedura civile.

La notificazione, quindi, non solo dà avvio al processo, ma ne accompagna il cammino fino all'emanazione della sentenza che, per produrre i suoi effetti, dovrà necessariamente essere notificata alla parte soccombente.

La complessità e la delicatezza dell'argomento trattato ci hanno spinto pertanto a concentrare la nostra attenzione sulla riscontrata esigenza, da parte degli operatori del diritto (avvocati, praticanti, ufficiali giudiziari), di conoscere le modalità più efficaci per ottenere una notificazione "certa" degli atti giudiziari.

Le notificazioni sono state oggetto negli ultimi anni, di numerose riforme, tra le quali: la normativa sulla Privacy, l'introduzione della CAN per la notifica a mezzo del servizio postale, la modifica degli artt. 140 e 145 c.p.c., nonché l'introduzione del principio della scissione del momento in cui si perfeziona la notificazione per il richiedente la notifica e per il destinatario dell'atto giudiziario.

Ci siamo posti pertanto il problema di come rendere semplice una materia sotto certi aspetti ostica, come testimoniano le numerose sentenze emanate in merito dalla Corte di Cassazione, e ci auguriamo che le risposte che troverete in questo testo possano esserne una valida soluzione.

Le domande a cui abbiamo voluto dare risposta sono le stesse che ci vengono rivolte quotidianamente dagli avvocati e le risposte sono pertanto il frutto della nostra esperienza, maturata negli anni, in qualità di ufficiali giudiziari: esperienza che ci ha reso consapevoli della necessità di dare innanzitutto un taglio pratico al presente testo. Abbiamo quindi ritenuto opportuno corredare le risposte di consigli utili: **istruzioni per l'uso** appunto.

E ciò al fine di evitare che piccoli errori o accorgimenti trascurati possano compromettere irrimediabilmente l'esito di una notifica e di un intero processo.

Ampio risalto è stato dato al novellato articolo 145 c.p.c. relativo alle notifiche alle persone giuridiche, nonché alle differenze sostanziali tra gli artt. 140 e 143 c.p.c.

Abbiamo ritenuto utile, vista la complessità dell'argomento, analizzare in questa sede solo gli aspetti normativi di base delle notifiche all'estero, riservandoci di dedicare un manuale specifico sia alle notifiche nella Comunità Europea che nei Paesi extracomunitari.

E' stata analizzata la normativa essenziale inerente le notifiche telematiche, di cui ci riserviamo un ulteriore approfondimento nei prossimi mesi, qualora - si spera - i supporti informatici saranno diffusi in tutti gli uffici giudiziari d'Italia.

Il manuale presenta inoltre gli schemi esemplificativi degli argomenti trattati.

In merito ai riferimenti normativi, oltre alla testuale riproduzione dell'articolo del codice di procedura civile, che precede le relative domande e risposte, abbiamo inserito le sentenze della Cassazione più significative in materia.

Giovanni de Filippo
Giuseppe Marotta

Parte prima

Dieci cause di insuccesso di una notifica, ovvero dieci cose da sapere prima di chiedere la notifica all'ufficiale giudiziario

1) Una vocale sbagliata e la notifica va in fumo!

Controllate che nella relata di notifica, che avete predisposto per l'ufficiale giudiziario, il nome e il cognome del destinatario siano scritti correttamente (spesso anche una vocale può compromettere l'esito di una notifica).

Ad esempio, il destinatario si chiama "Marotta" Giuseppe, ma voi, per errore, nella relata di notifica avete scritto "Merotta" Giuseppe.

L'ufficiale giudiziario, recatosi sul luogo di notifica, cercherà sul citofono "Merotta" che non c'è, ignorando che il vostro destinatario é invece "Marotta" che sul citofono c'è.

In questo caso il rischio che l'ufficiale giudiziario possa restituirvi l'atto perché *"non ha rinvenuto il nominativo del destinatario sul citofono"* è molto alto. Certo, potreste obiettare che nell'atto avete scritto correttamente "Marotta", ma l'ufficiale giudiziario ha tanti atti da notificare e in genere guarda l'ultima pagina dell'atto, ovvero, la relata di notifica in cui avete scritto il cognome sbagliato, e a voi interessa che l'atto sia notificato, non restituitovi con esito negativo. Per cui, **occhio al no-**

minativo del destinatario!

2) Se date i numeri, dateli giusti!

Quando indicate l'indirizzo del destinatario siate perfezionisti e indicate tutto ciò che possa essere utile affinché l'ufficiale giudiziario, recatosi sul luogo di notifica, non si senta un pesce fuor d'acqua. Per cui **indicate la via, il numero e gli eventuali numeri subalterni, anche e soprattutto quelli.**

Accade spesso, nelle grandi città, che un complesso residenziale abbia un solo numero civico e venti ingressi che corrispondono a venti citofoni. Ad esempio, Via Natta 18/1, 18/2, 18/3 e via di seguito. Se nella relata di notifica indicherete solo Via Natta 18 vi assumerete il rischio che l'ufficiale giudiziario possa restituirvi l'atto non notificato per *"indirizzo insufficiente"*. E non avrebbe tutti i torti.

Immaginate la scena:

un ufficiale giudiziario, con l'auto piena di atti da notificare, di fronte a un complesso residenziale di venti palazzoni di venti piani cadauno. Per cercare il destinatario del vostro

atto l'ufficiale giudiziario dovrebbe cercare su venti citofoni che magari hanno cinquanta nominativi ciascuno: non lo farà mai, a meno che il complesso residenziale non abbia una portineria funzionante.

Ma su questa ipotesi, leggete il consiglio numero 3).

3) Un custode dello stabile non vale una notifica!

Non crediate che se il palazzo in cui abita il destinatario del vostro atto sia provvisto di portineria, la sua notifica sia certa anche in caso di assenza del destinatario e dei suoi familiari in quanto sarà il custode a riceverla. Credete che i custodi siano sempre in guardiola?

Assolutamente no! E con tutte le giustificazioni del caso.

Ecco alcuni motivi, giustificati, del perché **all'arrivo dell'ufficiale giudiziario il custode potrebbe essere assente**:

a) Custode assente per distribuzione posta nel condominio, magari composto da venti scale.

b) Custode assente per pausa pranzo.c) Custode assente perché chiamato urgentemente per una perdita d'acqua nelle scale. d) Custode assente per ferie, senza sostituto. e) Custode licenziato e portineria abolita, stante la crisi in atto.

Il custode, inoltre, potrebbe non essere autorizzato a ricevere gli atti giudiziari. Per cui l'ufficiale giudiziario, dopo aver tentato di notificare l'atto al destinatario e avere verificato la sua assenza e quella dei familiari conviventi, non potrà notificare l'atto al custode assente, né tanto meno potrà attendere (vista la quantità di atti da notificare) il suo ritorno, se non immediato.

4) Siamo nel ventunesimo secolo, ma non per tutti!

Se il destinatario è una donna, potrebbe accadere di non trovare il suo cognome sul citofono. Eppure la signora abita lì, come mai il suo cognome non compare?
-Perché **sul citofono vi è solo il cognome del marito.**

Accade più di quanto pensiate.
-Perché **sul citofono vi sono solo numeri.**
Accade sempre più spesso. E' la mania della privacy!
-Perché **la signora è domiciliata presso qualcuno che si è dimenticato di indicare il cognome della sua ospite sul citofono e sulla cassetta della posta.**

Per cui indicate sempre, se lo conoscete, il cognome che potrebbe comparire sul citofono. E se nel caso ci fossero solo numeri, fatevi dire dal vostro cliente a che numero dovrà citofonare l'ufficiale giudiziario per notificare l'atto.
Insomma, **più indizi offrirete per individuare il destinatario e meno probabilità di insuccesso della notifica avrete**. Tutto qua!

5) Non siate troppo fiduciosi nei rapporti di buon vicinato!

Non è pessimismo, credeteci. Ma **è difficile che un vicino accetti di ricevere la notifica di un atto giudiziario**. E non è questione di Nord e Sud. Nella nostra esperienza è accaduto rarissime volte che un vicino si sia assunto l'onere di ricevere una notifica firmando la ricevuta di avvenuta consegna. Un tentativo di notificare al vicino deve necessariamente essere fatto dall'ufficiale giudiziario, perché il codice glielo impone, ma l'esito appare scontato. O ***il vicino è assente,*** oppure ***"preferisce non impicciarsi".***

6) Tenete d' occhio il commercialista!

Se il vostro destinatario è una società, la sua sede legale potrebbe essere presso un commercialista. Se siete a conoscenza di ciò, indicatelo nella relata di notifica predisposta; viceversa, l'ufficiale giudiziario potrebbe restituirvi l'atto non notificato perché, recatosi all'indirizzo da voi indicato, *"non ha rinvenuto il nominativo della società sul citofono."*

E le ricerche che l'ufficiale giudiziario deve effettuare sul luogo, vi starete chiedendo? Le avrà fatte sicuramente e avrà pure citofonato allo studio del commercialista che però in quel momento potrebbe essere stato chiuso.

7) L' essenziale é invisibile agli occhi!

Non vorremmo scomodare il Piccolo Principe, ma la citazione sembra appropriata: a volte noi ufficiali giudiziari giriamo intorno al nostro obiettivo senza vederlo. Eppure la soluzione è a portata di mano. Non esitate quindi a indicare all'ufficiale giudiziario un punto di riferimento per individuare il destinatario dell'atto.

Ad esempio, un'insegna luminosa particolare, oppure un distributore di benzina in prossimità dell'indirizzo del destinatario e via di seguito.

Se il luogo da raggiungere è un luogo di difficile accesso in alcuni giorni, ad esempio, perché la strada è chiusa a causa del mercato rionale, fatelo presente all'ufficiale giudiziario, magari allegando un biglietto all'atto da notificare. Ve ne sarà grato.

8) Chiedete, senza esagerare!

Gli ufficiali giudiziari sono impiegati pubblici che utilizzano la propria autovettura per svolgere il servizio che gli viene richiesto.

Certo, svolgono la propria attività in maniera

molto flessibile, non essendo vincolati da un orario di inizio e di fine. Tuttavia, **non pretendiate che l'ufficiale giudiziario vi notifichi l'atto soltanto il venerdì dalle 16,30 in poi.**

Sappiate che, in caso di assenza del destinatario o di altre persone idonee alla ricezione, l'ufficiale giudiziario potrà sempre notificare l'atto ai sensi dell'art. 140 c.p.c. depositandone una copia nella Casa comunale del luogo in cui deve essere fatta la notifica. E anche questa tipologia di notifica è valida, se rispetta le normative del codice.

Vi consigliamo di instaurare con l'ufficiale giudiziario un rapporto di collaborazione, giacché entrambi volete la notifica dell'atto.

L'ufficiale giudiziario inoltre desidera completare il suo "giro" quotidiano quanto prima, perché dovrà poi correre in ufficio e verificare se nel frattempo gli siano state richieste altre notifiche urgenti.

9) Non chiedete ciò che non vi potrà essere dato!

Accade spesso che all'ufficiale giudiziario venga richiesto di eseguire una notifica ai sensi dell'art. 140 c.p.c. ossia di depositare l'atto nella Casa comunale per irreperibilità del destinatario. Bene, sappiate che **la notifica ai sensi dell'art. 140 c.p.c. non può essere richiesta dall'avvocato, ma deve essere decisa dall'ufficiale giudiziario**.

Le risposte contenute nel presente manuale illustrano dettagliatamente le modalità di notifica ai sensi dell'art. 140, confrontandole con la notifica ai sensi dell'art 143 c.p.c. che, viceversa, ricorrendone i presupposti, deve essere richiesta dall'avvocato.

L'art. 140 e l'art 143 c.p.c. disciplinano le modalità di notifica qualora l'ufficiale giudiziario si trovi di fronte a due tipologie di irreperibilità del destinatario.

La prima è una irreperibilità per così dire momentanea (**destinatario assente per shopping, lavoro, viaggio breve, etc.**) e che dovrà essere verificata dall'ufficiale giudiziario che assumerà informazioni sul luogo in cui si reca per effettuare la notifica.

La seconda, quella relativa all'art. 143 c.p.c., è una irreperibilità accertata, ossia, **il destinatario si è trasferito altrove senza lasciare alcun recapito nè ha provveduto a comunicare all'uf-**

ficio anagrafe il cambio dell'indirizzo di residenza.

10) Nel dubbio, chiedete!

Il presente manuale non esaurisce certo tutto ciò che riguarda la materia delle notifiche.

Potrete però postare le vostre ulteriori domande, i vostri dubbi o i vostri commenti sul nostro sito (www.esecuzionienotifiche.it). Cercheremo di darvi rapidamente una risposta.

Delle comunicazioni e delle notificazioni

Comunicazioni (art. 136 c.p.c.)

Il cancelliere, con biglietto di cancelleria, fa le comunicazioni che sono prescritte dalla legge o dal giudice al pubblico ministero, alle parti, al consulente, agli altri ausiliari del giudice e ai testimoni, e dà notizia di quei provvedimenti per i quali è disposta dalla legge tale forma abbreviata di comunicazione.

Il biglietto è consegnato dal cancelliere al destinatario, che ne rilascia ricevuta, o è rimesso all'ufficiale giudiziario per la notifica.

Le comunicazioni possono essere eseguite a mezzo telefax o a mezzo posta elettronica nel rispetto della normativa anche regolamentare concernente la sottoscrizione, la trasmissione e la ricezione dei documenti informatici e teletrasmessi.

Domande e Risposte

1) Qual è la differenza tra la comunicazione e la notificazione di un atto giudiziario?

La comunicazione è un atto tipico del cancelliere che, con biglietto di cancelleria (consegnato al destinatario o trasmesso al medesimo mediante Posta Elettronica Certificata) dà notizia alle parti o ad altri soggetti del processo di determinati fatti aventi rilevanza processuale.

La notificazione è invece un atto tipico dell'ufficiale giudiziario con il quale si porta a conoscenza del destinatario il contenuto di un atto giudiziario, mediante la consegna di una sua copia conforme all'originale.

2) Come si effettua e quando si intende perfezionata la comunicazione di un biglietto di cancelleria per via telematica?

La comunicazione per via telematica viene effettuata dall'ufficio giudiziario mittente mediante invio di un messaggio all'indirizzo di Posta Elettronica Certificata (P.E.C.) del destinatario.

La comunicazione si intende perfezionata nel momento in cui il gestore di Posta Elettronica Certificata del destinatario genera la ricevuta di avvenuta consegna breve **(cfr. Art. 16 D.M. 21/02/2011 n. 44).**

3) La comunicazione degli atti processuali può essere eseguita in modo diverso da una delle forme previste dall'art. 136 c.p.c.?

La comunicazione dei provvedimenti del giudice è valida anche se viene effettuata in un modo diverso da una delle forme previste dall'art. 136 c.p.c., purché vi sia la certezza che il provvedimento sia stato portato a conoscenza del destinatario e risulti la data di tale conoscenza. E' altresì necessario che la comunicazione provenga da organo a ciò abilitato **(cfr. Cass. Civ. sez. I del 15/02/1996 n. 1140; Cass. Civ. sez. III del 21/11/2006 n. 24742; Cass. Civ. sez. III del 19/03/1979 n. 1606).**

Notificazioni (art. 137 c.p.c.)

Le notificazioni, quando non è disposto altrimenti sono eseguite dall'ufficiale giudiziario, su istanza di parte o su richiesta del pubblico ministero o del cancelliere.

L'ufficiale giudiziario esegue la notificazione mediante consegna al destinatario di copia conforme all'originale dell'atto da notificarsi.

Se l'atto da notificare o comunicare è costituito da un documento informatico e il destinatario non possiede indirizzo di posta elettronica certificata, l'ufficiale giudiziario esegue la notificazione mediante consegna di una copia dell'atto su supporto cartaceo, da lui dichiarata conforme all'originale, e conserva il documento informatico per i due anni successivi. Se richiesto, l'ufficiale giudiziario invia l'atto notificato anche attraverso strumenti telematici all'indirizzo di posta elettronica dichiarato dal destinatario della notifica o dal suo procuratore, ovvero consegna ai medesimi, previa esazione dei relativi diritti, copia dell'atto notificato, su supporto informatico non riscrivibile.

Se la notificazione non può essere eseguita in mani proprie del destinatario, tranne che nel caso previsto dal secondo comma dell'articolo 143, l'ufficiale giudiziario consegna o deposita la copia dell'atto da notificare in busta che provvede a sigillare e su cui trascrive il numero cronologico della notificazione, dandone atto nella relazione in calce all'originale e alla copia dell'atto stesso. Sulla busta non sono apposti segni o indicazioni dai quali possa desumersi il contenuto dell'atto.

Le disposizioni di cui al quarto comma si applicano anche alle comunicazioni effettuate con biglietto di cancelleria ai sensi degli articoli 133 e 136.

Domande e Risposte

4) Come viene effettuata la notificazione di un atto costituito da un documento informatico?

Inviando un messaggio di posta elettronica all'indirizzo di Posta Elettronica Certificata del destinatario **(cfr. Art. 149 bis c.p.c.).**

Se il destinatario non possiede un indirizzo di posta elettronica certificata, la notificazione viene effettuata mediante consegna di una copia dell'atto su supporto cartaceo conforme all'originale **(cfr. Art. 17 D.M. 21/02/2011 n. 44).**

5) Con quali modalità l'ufficiale giudiziario restituisce al richiedente l'atto informatico regolarmente notificato?

Eseguita la notificazione, il sistema informatico dell'UNEP trasmette per via telematica, a chi ha richiesto il servizio, il documento informatico con la relazione di notifica sottoscritta mediante firma digitale e congiunta all'atto e con le ricevute di Posta Elettronica Certificata.

Se non procede alla notificazione per via telematica, l'ufficiale giudiziario notifica copia cartacea del documento informatico (dichiarata conforme all'originale dallo stesso ufficiale giudiziario) ai sensi degli articoli 138 e ss. c.p.c. **(cfr. Art. 17 D.M. 21/02/2011 n. 44).**

6) Come si effettua la notifica di un atto a un soggetto totalmente incapace?

Se il destinatario della notifica è un minore o un interdetto, l'atto va notificato esclusivamente al suo legale rappresentante (genitore o tutore).

Peraltro, la cessazione della causa di incapacità non formalmente dichiarata comporta, nel corso di un processo, la piena validità della notificazione regolarmente effettuata a mani del legale rappresentante.

Ad esempio, se il minore costituito nel processo raggiunge la maggiore età, la notifica è validamente effettuata al suo legale rappresentante (nei confronti del quale il processo regolarmente prosegue) se il raggiungimento della maggiore età non viene formalmente dichiarato o notificato dal di-

fensore a norma dell'art. 300 c.p.c. (cfr. Cass. 09/01/2004 n. 116).

7) Come si effettua la notifica di un atto giudiziario ad un soggetto parzialmente incapace?

Se il destinatario dell'atto è un soggetto parzialmente incapace (emancipato o inabilitato), la notificazione deve essere effettuata allo stesso destinatario ed al curatore **(cfr. Cass. 30/01/1980 n. 701)**.

8) L'incapace naturale può essere destinatario di valide notificazioni?

L'incapace naturale può essere destinatario di valide notificazioni, essendo l'incapacità naturale irrilevante sotto il profilo processuale **(cfr. Cass. 21/03/1994 n. 2650)**.

9) Il soggetto sottoposto ad amministrazione di sostegno può essere destinatario di valide notificazioni?

Il beneficiario dell'amministrazione di sostegno

conserva la capacità di agire per tutti gli atti che non richiedono la rappresentanza esclusiva o l'assistenza necessaria dell'amministratore di sostegno e può pertanto essere destinatario di valide notificazioni **(cfr. art. 409 c.c.; Corte Costituzionale Ord. n. 116/2009).**

Notificazione in mani proprie (art. 138 c.p.c.)

L'ufficiale giudiziario esegue la notificazione di regola mediante consegna della copia nelle mani proprie del destinatario, presso la casa di abitazione oppure, se ciò non è possibile, ovunque lo trovi nell'ambito della circoscrizione dell'ufficio giudiziario al quale è addetto.
Se il destinatario rifiuta di ricevere la copia, l'ufficiale giudiziario ne dà atto nella relazione, e la notificazione si considera fatta in mani proprie.

Domande e Risposte

10) In quali luoghi può essere effettuata la notifica a mani proprie del destinatario?

L'ufficiale giudiziario, di regola, esegue la notificazione dell'atto, consegnandone copia nelle mani proprie del destinatario:
- presso la casa di abitazione (o, alternativamente, nell'ambito del comune di residenza del destina-

tario, nell'ufficio di quest'ultimo o nel luogo in cui il destinatario esercita l'industria o il commercio;

- se ciò non é possibile, in qualsiasi altro luogo (nell'ambito della circoscrizione dell'ufficio giudiziario al quale l'ufficiale giudiziario é addetto).

Possiamo pertanto dire che, se il luogo di lavoro del destinatario non si trova nel suo comune di residenza, la notifica può essere richiesta, ma l'ufficiale giudiziario potrà effettuarla solo se, recatosi sul luogo di lavoro, rinvenga lo stesso destinatario, non essendo possibile la consegna dell'atto giudiziario a persona diversa dal destinatario qualora il luogo della notifica non si trovi nel comune di residenza di colui al quale l'atto deve essere notificato.

A meno che il luogo di residenza sia sconosciuto e sia noto quello di dimora oppure, nel caso sia sconosciuto anche il luogo di dimora, sia noto quello di domicilio **(cfr. Cass. sez. II n. 7234 del 12/06/1992 e n. 5212 del 26/08/1986; Cass. sez. III n. 1753 del 28/01/2005; Cass. sez. I n.4961 del 08/05/1998)**.

11) Qual è la conseguenza del rifiuto del destinatario di ricevere l'atto?

Se il destinatario rifiuta di ricevere la copia dell'atto, l'ufficiale giudiziario ne dà atto nella relazione di notificazione e la notifica si considera fatta in mani proprie.

12) In quali casi l'ufficiale giudiziario è tenuto a indagare sulla veridicità delle generalità rese dal destinatario della notificazione?

L'ufficiale giudiziario è tenuto ad indagare sulla veridicità delle generalità rese dal destinatario della notificazione quando la notificazione viene eseguita in un luogo diverso dalla casa di abitazione, dall'ufficio o dall'azienda del destina-tario.
Ad esempio quando il destinatario si presenta spontaneamente presso l'ufficio dell'ufficiale giudiziario perché è al corrente di essere il destinatario di una notifica.

13) E' valida la notifica senza la firma di ricevuta del destinatario sull'atto?

Assolutamente sì! La ricezione della notifica non comporta l'obbligo per il destinatario di firmare alcuna ricevuta, né l'onere per l'ufficiale giudiziario di richiederla, a meno che non si notifichi l'atto in mani del custode dello stabile o del vicino del destinatario. Casi che esamineremo nelle risposte relative all'art. 139 c.p.c.

Tabella 1: Schema dell' art. 138 c.p.c.

Luogo di notifica in mani proprie (ordine tassativo)
1) Casa di abitazione del destinatario (nel comune di residenza)
2) Qualsiasi altro luogo (piazza, mercato, etc.), nei limiti di competenza territoriale dell'ufficiale giudiziario

Notificazione nella residenza, nella dimora o nel domicilio.(art. 139c.p.c.)

Se non avviene nel modo previsto nell'articolo precedente, la notificazione deve essere fatta nel comune di residenza del destinatario, ricercandolo nella casa di abitazione o dove ha l'ufficio o esercita l'industria o il commercio.

Se il destinatario non viene trovato in uno di tali luoghi, l'ufficiale giudiziario consegna copia dell'atto a una persona di famiglia o addetta alla casa, all'ufficio o all'azienda, purché non minore di quattordici anni o non palesemente incapace.

In mancanza delle persone indicate nel comma precedente, la copia è consegnata al portiere dello stabile dove é l'abitazione, l'ufficio o l'azienda, e quando anche il portiere manca, a un vicino di casa che accetti di riceverla.

Il portiere o il vicino deve sottoscrivere una ricevuta, e l'ufficiale giudiziario dà notizia al destinatario dell'avvenuta notificazione dell'atto, a mezzo di lettera raccomandata.

Se il destinatario vive abitualmente a bordo di una nave mercantile, l'atto può essere consegnato al capitano o a chi ne fa le veci.

Quando non è noto il comune di residenza, la notificazione si fa nel comune di dimora, e se anche questa è ignota, nel comune di domicilio, osservate in quanto è possibile le disposizioni precedenti.

Domande e Risposte

14) Il rapporto di affinità tra il destinatario e il consegnatario dell'atto può essere equiparato al rapporto di parentela ai fini della consegna della copia dell'atto da notificare?

L'esistenza di un rapporto di affinità tra il destinatario ed il consegnatario dell'atto legittima la consegna della copia dell'atto nelle mani di quest'ultimo, poiché il concetto di "persona di famiglia" di cui all' art. 139 c.p.c. deve intendersi in senso lato, ricomprendendo non soltanto il familiare in senso stretto ma anche l'affine del destinatario.

Ad esempio, l'ufficiale giudiziario può validamente notificare un atto giudiziario consegnandone copia a mani del cognato rinvenuto nell'abitazione del destinatario medesimo.

15) In quali luoghi può essere effettuata la notifica a mani di persona diversa dal destinatario?

La notificazione deve avvenire innanzitutto nel Comune di residenza, presso l'abitazione o presso l'ufficio del destinatario (luogo di lavoro in cui è dipendente) o nel luogo in cui il destinatario esercita l'industria o il commercio (luogo di lavoro in cui il destinatario è anche il titolare dell' attività).

Quando non é noto il comune di residenza, la notificazione si fa nel comune di dimora (luogo dove si vive abitualmente)

Se anche il comune di dimora è ignoto, la notificazione si fa nel comune di domicilio (luogo dei propri affari e interessi).

Nei suddetti luoghi la notificazione può essere

effettuata mediante consegna dell'atto al familiare convivente o a persona addetta alla casa o all'ufficio o all' azienda del destinatario (che accetti di riceverlo).

In mancanza di tali persone, la copia é consegnata al portiere dello stabile e, se manca anche il portiere, la copia può essere consegnata ad un vicino di casa.

Il portiere o il vicino di casa devono sottoscrivere una ricevuta e l'ufficiale giudiziario deve, successivamente, informare il destinatario della avvenuta notifica a mezzo lettera raccomandata.

Si noti che la norma prevede la spedizione di raccomandata semplice, cioè senza avviso di ricevimento e senza la necessità di utilizzare le buste verdi previste per la notifica degli atti giudiziari. Sarebbe pertanto possibile spedire l'avviso a mezzo raccomandata semplice.

Per ragioni prudenziali è tuttavia consigliabile utilizzare anche in questo caso le buste verdi previste per la notificazione degli atti giudiziari e spedire la relativa raccomandata con l'avviso di ricevimento.

Se il destinatario vive abitualmente a bordo di una nave mercantile la notificazione, se non eseguita a mani proprie, può essere fatta mediante consegna di copia nelle mani del capitano (o di chi ne fa le veci).

Fortissime perplessità suscita la tesi giurisprudenziale che, interpretando alla lettera l'art. 139 c.p.c., esclude la validità della notifi-cazione effettuata a mani di persona che, pur coabitando con il destinatario ed avendo con lui un rapporto significativo quale la convivenza di fatto, non rientra tra le "persone di famiglia" di cui all'art. 139 c.p.c. (**cfr. Cass. n. 19218 del 14/09/2007).**

Seguendo questo orientamento, sarebbe, **ad esempio, valida la notificazione eseguita presso l'abitazione del destinatario a mani di persona addetta alla casa, mentre sarebbe nulla la notificazione eseguita nello stesso luogo al convivente more uxorio, cioè non legato da un vincolo matrimoniale.**

16) Quali formalità, a tutela della privacy del destinatario, devono essere rispettate dall'ufficiale giudiziario qualora notifichi un atto ai sensi dell'art. 139 c.p.c.?

Deve consegnare la copia in plico chiuso e sigillato su cui appone solo il numero di cronologico dell'atto ed il nominativo del destinatario. Nul-l'altro.

17) E' valida la notifica effettuata presso il luogo di lavoro del destinatario, consegnando copia dell'atto a mani di persona diversa dal destinatario medesimo?

Sì, se effettuata nel comune di residenza del destinatario, ovvero nel comune di dimora se quello di residenza è sconosciuto, ovvero nel comune di domicilio, se quello di residenza e di dimora sono sconosciuti.

Infatti, in caso di assenza del destinatario, l'atto può essere consegnato soltanto ad una persona di famiglia o addetta alla casa o all'ufficio o al-l'azienda del destinatario medesimo.

Sono considerati addetti all'ufficio o all'azienda del destinatario soltanto i dipendenti del destinatario che svolgono la propria attività nell'ufficio o nell' azienda di cui il destinatario è titolare o i soggetti per i quali sussista comunque una situazione di comunanza di rapporti con il destinatario dell'atto. E' in ogni caso sufficiente che esista una relazione tra consegnatario e destinatario idonea a far presumere che il primo porti a conoscenza del secondo l'atto ricevuto **(cfr. Cass. Sezioni Unite n. 793 del 19/11/1999)**.

La giurisprudenza considera luogo di dimora il comune in cui la persona esercita il proprio lavoro subordinato, qualora la parte attrice non sia a conoscenza del luogo di residenza del convenuto e non sia possibile conoscerlo con gli ordinari strumenti cognitivi, ritenendo in tal caso la notifica validamente compiuta nel luogo di lavoro del destinatario, ai sensi dell' ultimo comma dell'articolo 139 c.p.c. **(cfr. Cass. Sez. I n.17903 del 30/07/2010)**.

Poiché la lettera della norma (che fa riferimento all'ufficio o all'azienda del destinatario) sembra escludere dal concetto di "ufficio" o "azienda" del destinatario il luogo in cui egli esercita la propria prestazione lavorativa in qualità di lavoratore subordinato alle dipendenze altrui.

Forti perplessità suscita la possibilità di consegnare la copia dell'atto a persona diversa dal destinatario presso il luogo di lavoro nell'ipotesi in cui il destinatario della notifica non sia il titolare dell'azienda ma, ad esempio, un semplice dipendente. Non sussistono invece dubbi sulla possibilità di consegna a mani proprie.

18) Come va effettuata la notificazione di un atto a un soggetto detenuto presso una casa circondariale?

Mentre in materia penale gli atti alla persona detenuta vanno notificati personalmente al destinatario presso la casa circondariale di detenzione, la notificazione degli atti civili ad un soggetto detenuto presso una casa circondariale si effettua rispettando l' ordine e le modalità di cui agli artt. 138 e ss. c.p.c.

Per esempio, se Tizio è detenuto presso la casa circondariale di Trento ma ha conservato la propria residenza presso la propria abitazione di Varese, l'atto in materia civile (ad esempio, un atto di citazione) deve essergli notificato presso l'abitazione sita nel Comune di Varese, mediante consegna di copia a mani di familiare convivente o, in assenza, secondo le altre modalità previste da-gli artt. 139 e ss. c.p.c.

Se si fosse trattato di atto penale, la notifica si

sarebbe dovuta invece effettuare mediante consegna di copia al destinatario presso la casa Circondariale di Milano.

19) E' nulla o inesistente la notifica effettuata a mani di persona convivente, ma in un luogo diverso dalla residenza o dimora o domicilio del destinatario?

Nonostante il rapporto di convivenza, la notifica effettuata a mani di familiare del destinatario in un luogo diverso da quelli indicati nell'art. 139 c.p.c. è nulla (e non inesistente). Tale nullità può pertanto essere sanata (ad esempio, con la costituzione in giudizio della parte).

Ad esempio è nulla la notifica effettuata a mani della moglie del destinatario effettuata nel di lei luogo di lavoro diverso da quello del destinatario.

20). Quando l'ufficiale giudiziario è tenuto ad indagare sulla veridicità delle generalità rese da persona diversa dal destinatario della notificazione?

Riteniamo che in concreto l'ufficiale giudiziario non sia mai tenuto ad indagare sulle generalità dichiarate da persona diversa dal destinatario della notificazione. Infatti:
-se la notificazione avviene in uno dei luoghi indicati nell'art. 139 c.p.c. vige una presunzione (relativa) di veridicità delle dichiarazioni rese dal consegnatario;
-la notificazione in altro luogo a persona diversa dal destinatario non è consentita.

21). Quali sono le conseguenze della mancata indicazione, nella relazione di notifica, delle generalità del consegnatario?

Se nella relazione di notificazione non sono indicate le generalità del consegnatario (almeno nome e cognome), si possono verificare due ipotesi:
a) la mancata indicazione determina incertezza assoluta sulla persona del consegnatario (ad esempio, la copia risulta consegnata al fratello convivente e il destinatario ha quattro fratelli);
b) la mancata indicazione non determina incertezza perché la persona del conegnatario è ugual-

mente identificabile attraverso la sola menzione del suo rapporto con il destinatario.

Ad esempio la notifica effettuata alla madre del destinatario permette di identificare sempre la persona alla quale è stata consegnato l'atto.

Nella prima ipotesi la notificazione è nulla ai sensi dell'art. 160 c.p.c.

Nella seconda ipotesi la notificazione è valida **ed efficace (cfr. Art. 148 c.p.c.; art. 160 c.p.c.; Cass. Sez. III n. 12806/2006).**

22) Quali sono le conseguenze della mancata attestazione, nella relazione di notifica, del rapporto esistente tra il destinatario e il consegnatario dell'atto?

La mancata attestazione, nella relazione di notificazione, del rapporto esistente tra il destinatario ed il consegnatario dell'atto determina la nullità della notificazione,mancando la prova di un rapporto legittimante ai sensi dell'art. 139 c.p.c. **(cfr. art. 148 c.p.c.; art. 160 c.p.c.)**

23) E' valida la notificazione effettuata a ma-

ni di persona convivente, ma non legata al destinatario della notifica da vincoli di familiarità?

La giurisprudenza sembra orientata a negare validità alle notificazioni effettuate a mani di persona convivente del destinatario ma non legata allo stesso da un rapporto di familiarità.

L'adesione a tale tesi, da noi non condivisa, porta ad escludere la validità della notificazione effettuata a mani del convivente "more uxorio" **(cfr. Cass n. 19218/2007).**

24) Quali sono i requisiti minimi di capacità del consegnatario di una notifica?

Per poter ricevere la notificazione (e ciò può avvenire soltanto nel comune di residenza, dimora o domicilio) il consegnatario deve:

- convivere con il destinatario nella sua casa di abitazione ed essere legato al destinatario da un rapporto di familiarità (in senso lato e, quindi, anche di coniugio o di affinità);
- oppure, essere addetto alla casa, all'ufficio o all'azienda del destinatario.

In tutti i casi, non deve essere minore di anni

quattordici e non deve essere incapace di intendere e di volere.

25) Quando una persona può definirsi "addetta alla casa del destinatario"?

Una persona può definirsi "addetta alla casa del destinatario" quando:
-lavora alle dipendenze del destinatario o di altra persona convivente con il destinatario;
-l'attività lavorativa si svolge esclusivamente o prevalentemente nella casa di abitazione del destinatario.

26) Quando una persona può definirsi "addetta all'ufficio o all'azienda del destinatario"?

Una persona può definirsi "addetta all'ufficio o all'azienda del destinatario" quando:
-lavora alle dipendenze del destinatario;
-l'attività lavorativa viene svolta nell'ufficio o nell'azienda del destinatario.

27) Quando la notificazione può essere effet-

tuata a mani del portiere dello stabile in cui si trova l'abitazione, l'ufficio o l'azienda del destinatario?

La notifica al portiere dello stabile in cui si trova l'abitazione, l'ufficio o l'azienda del destinatario può essere effettuata soltanto in caso di mancanza (o rifiuto di ricevere l'atto o inidoneità per età inferiore ai quattordici anni o palese incapacità) di persona di famiglia o addetta alla casa, all'ufficio o all'azienda del destinatario.

28) Con quali modalità va effettuata la notificazione a mani del portiere dello stabile in cui si trova l'abitazione, l'ufficio o l'azienda del destinatario?

Quando la notifica viene effettuata a mani del portiere dello stabile, il portiere deve sottoscrivere una ricevuta e l'ufficiale giudiziario è tenuto a dare notizia dell'avvenuta notificazione dell'atto a mezzo di lettera raccomandata.

29) Quando la notificazione può essere effettuata a mani del vicino di casa del desti-

natario?

La notificazione può essere effettuata a mani del vicino di casa del destinatario che accetti di riceverla soltanto in caso di:
-mancanza (o rifiuto di ricevere l'atto) di persona di famiglia o addetta alla casa, ufficio o azienda del destinatario (o in presenza di persone di età inferiore ai quattordici anni o palesemente incapaci);
-mancanza del portiere dello stabile.

30). Con quali modalità va effettuata la notificazione a mani del vicino di casa del destinatario?

Quando la notificazione viene effettuata a mani del vicino di casa che accetti di riceverla, il vicino deve sottoscrivere una ricevuta e l'ufficiale giudiziario è tenuto a dare notizia dell'avvenuta notificazione dell'atto a mezzo di lettera raccomandata.

Per motivi di privacy, l'atto giudiziario notificato a persona diversa dal destinatario, e quindi anche al vicino, va consegnato in plico chiuso, con l'indicazione del solo numero di cronologico dell'atto e del nominativo del destinatario senza nessun'altra indicazione che possa rivelare il contenuto dell'atto **(cfr. decreto legislativo n. 196 del 30 giugno 2003).**

31) Può l'ufficiale giudiziario notificare un atto, consegnandolo al portiere dello stabile in cui si trova l'abitazione del destinatario o al vicino di casa, quali "incaricati della consegna"?

L'ufficiale giudiziario può consegnare la copia dell'atto al portiere dello stabile che si qualifica come "incaricato della consegna (o addetto alla ricezione). In tal caso non sono necessarie le ulteriori formalità (sottoscrizione della ricevuta e comunicazione al destinatario dell'avvenuta notificazione a mezzo di lettera raccomandata) **(cfr. Cass. sez. III n. 24798/ 2005).**

32) Cosa deve indicare l'ufficiale giudiziario nella relata di notifica qualora la notifica avvenga a mani del consegnatario?

Deve indicare, a pena di nullità della notifica:
-di non aver rinvenuto il destinatario, se notifica

a mani di un familiare convivente;
-di non avere altresì rinvenuto un familiare convivente o persona addetta alla casa o all'ufficio o all' azienda (o di aver ricevuto rifiuto da questi o di averne constatata l'età inferiore ai 14 anni o la palese incapacità), in caso di notifica al custode;
-di non avere altresì rinvenuto il custode, in caso di notifica al vicino.

Pertanto, se nella relata di notifica vengono omesse le descrizioni delle ricerche effettuate dall'ufficiale giudiziario ed i motivi della mancata notifica al destinatario o ai familiari conviventi, etc., la notifica è nulla.

Ad esempio, é nulla una relata di notifica del seguente tenore:
"ho notificato in mani del custode Rossi Mario.
Milano, 12 aprile 2012".
Oppure:
"ho notificato a mani di Bianchi Ugo, vicino di casa del destinatario.
Milano, 13 aprile 2012"
(cfr. Cass. n.1131 del 4 febbraio 1988).

33) Quando si ha per avvenuta la notifica ef-

fettuata in mani del custode o del vicino?

Pur essendo previsto l'invio di una raccomandata (anche senza avviso di ricevimento) per informare il destinatario della notifica effettuata nelle mani del custode o del vicino, non vi è alcuna relazione in merito al momento in cui la notifica si ha per avvenuta.

Pertanto la notifica effettuata in mani del custode o del vicino si ha per avvenuta dal giorno in cui l'atto viene ricevuto dal consegnatario e non dalla ricezione della suddetta raccomandata da parte del destinatario.

Tuttavia il mancato invio della raccomandata determina la nullità della notifica che potrà essere sanata solo qualora il destinatario sia venuto effettivamente a conoscenza dell'atto e ne dia dimostrazione con un comportamento specifico; ad esempio, presentando opposizione al decreto ingiuntivo oppure costituendosi in giudizio in caso di notifica dell'atto di citazione.

34) E' previsto l'invio della C.A.N. o della C.A.D. nel caso di invio di raccomandata ai sensi dell'art. 139, IV comma, c.p.c. (notifica al custode o al vicino) qualora la raccoman-

data non sia stata consegnata al destinatario (C.A.N.) ovvero sia stata depositata negli uffici postali (C.A.D) a causa dell'assenza del destinatario, dei familiari conviventi e delle altre persone idonee a riceverla (custode o vicino) ?

No. In questo caso la C.A.N. e la C.A.D. non devono essere inviate. Peraltro, essendo consentito l'invio di raccomandata semplice senza ricevuta di ritorno (come si evince dalla lettera dell'art. 139), il problema si pone soltanto nell'ipotesi in cui, per prassi dell'ufficio notificante, la raccomandata viene inviata utilizzando le apposite buste verdi con relativo avviso di ricevimento previste per la notificazione degli atti giudiziari. In tal caso, l'ufficiale giudiziario deve indicare sul bordo della raccomandata che spedisce, nonché sul retro della ricevuta di ritorno, che: "trattasi di raccomandata inviata ai sensi dell'art. 139 c.p.c. non soggetta ad invio di ulteriore raccomandata.".

Come vedremo in seguito la C.A.N. e la C.A.D. non devono essere inviate neppure nei casi di raccomandata spedita ai sensi degli artt. 140 e

660 c.p.c. e 157 c.p.p.

35) Vi sono dei casi in cui l'ufficiale giudiziario, in assenza del destinatario, deve astenersi dal notificare l'atto giudiziario a un familiare convivente o a una delle altre persone indicate dall'art. 139 c.p.c , anche se rinvenute sul luogo della notifica?

Sì! Oltre ai casi di età minore di 14 anni o palese incapacità del consegnatario, nei casi in cui si configuri un conflitto di interesse tra il destinatario dell'atto ed il consegnatario medesimo.

Ciò si verifica, in particolare, quando il consegnatario ed il soggetto che richiede la notifica sono la stessa persona.

Ad esempio:

-i coniugi vivono ancora sotto lo stesso tetto e l'ufficiale giudiziario, in sede di notifica del ricorso per separazione, rinviene nell'abitazione soltanto il coniuge che ha richiesto la notificazione;

-in sede di notifica di una citazione testimoniale, l'ufficiale giudiziario rinviene, nell'abitazione del destinatario, soltanto il con-

venuto;
-in sede di notifica di decreto ingiuntivo o di precetto, l'ufficiale giudiziario rinviene, nell'abitazione del destinatario, il creditore;
-in sede di notifica del pignoramento al terzo, l'ufficiale giudiziario rinviene soltanto il debitore, e ciò può accadere, in particolare, qualora si notifichi il pignoramento al datore di lavoro dell'obbligato.

In tutti questi casi, l'ufficiale giudiziario deve astenersi dalla notifica dell'atto ai sensi dell'art. 139 c.p.c. e procedere alla notifica ai sensi dell'art. 140 c.p.c. ossia, depositando l'atto nella casa comunale del luogo di notifica.

Tabella 2: Schema dell' art. 139 c.p.c.

Luogo di notifica al consegnatario

Ordine tassativo:	**Ordine facoltativo:**
1) Comune di residenza; 2) Comune di dimora; 3) Comune di domicilio.	- Casa di abitazione; -Luogo dove il destinatario esercita l' industria o il commercio

Consegnatario

Ordine tassativo:	**Capacità di ricevere l'atto (requisiti):**
1) Familiare o addetto alla casa, all'ufficio, all'azienda; 2) Portiere (firma la ricevuta; invio di raccomandata al destinatario); 3) Vicino (firma la ricevuta; invio di raccomandata al destinatario.	- Età non inferiore ad anni 14, non palese incapacità; -Convivenza anche temporanea (non occasionale) con il destinatario; -Non in conflitto di interessi con il destinatario.

Irreperibilità o rifiuto di ricevere la copia (art. 140 c.p.c.)

Se non è possibile eseguire la consegna per irreperibilità o per incapacità o rifiuto delle persone indicate nell'articolo precedente l'ufficiale giudiziario deposita la copia nella casa del comune dove la notificazione deve eseguirsi, affigge avviso del deposito in busta chiusa e sigillata alla porta dell'abitazione o dell'ufficio o dell'azienda del destinatario, e gliene dà notizia per raccomandata con avviso di ricevimento.

Avviso al destinatario della notificazione (art. 48 disp. att. c.p.c.)

L'avviso prescritto nell'articolo 140 del Codice deve contenere:

1. il nome della persona che ha chiesto la notificazione e del destinatario
2. l'indicazione della natura dell'atto notificato;
3. l'indicazione del giudice che ha pronunciato il

provvedimento notificato o davanti al quale si deve comparire con la data o il termine di comparizione.

4. la data e la firma dell'ufficiale giudiziario.

Domande e Risposte

36) Quali sono i presupposti necessari affinché un atto giudiziario possa essere notificato ai sensi dell'art. 140 c.p.c.?

Affinché un atto giudiziario possa essere notificato ai sensi dell'art. 140 c.p.c. devono ricorrere i seguenti presupposti:

-il destinatario deve essere irreperibile (e la irreperibilità deve essere intesa come "temporanea assenza").

Ad esempio, il destinatario è al lavoro, oppure al mercato, o è assente per un breve viaggio di piacere, etc.

-l'ufficiale giudiziario non deve rinvenire in loco alcun consegnatario legittimato e capace (ai sensi dell'art. 139 c.p.c.) che accetti di ricevere l' atto.

37) La parte istante può richiedere all'ufficiale giudiziario di eseguire una notifica ai sensi dell'art. 140 c.p.c.?

No, in quanto la notifica ai sensi dell'art. 140 c.p.c. è prevista in caso di irreperibilità momentanea (assenza per lavoro, shopping, viaggio breve, etc.).

Sarà pertanto compito dell'ufficiale giudiziario quello di accertare la tipologia di irreperibilità in atto e di verificare, attraverso indagini sul luogo, se il destinatario sia assente momentaneamente o se abbia abbandonato la residenza definitivamente, trasferendosi altrove e senza indicare il nuovo indirizzo. Nel primo caso notificherà l'atto mediante deposito di copia nella casa comunale ai sensi dell'art 140 c.p.c.; nel secondo caso restituirà l'atto alla parte istante la quale, attraverso le opportune ricerche (ad esempio, richieste all'anagrafe del comune di residenza del destinatario) provvederà a reperire il nuovo indirizzo del destinatario e a richiedere nuovamente la notifica.

In caso di esito negativo delle ricerche, la parte istante farà istanza all'ufficiale giudiziario di notificare l'atto ai sensi dell'art. 143 c.p.c.

38) Qual è la conseguenza del rifiuto di ricevere copia dell'atto da parte di persona diversa dal destinatario?

Se la notifica viene effettuata nel comune di residenza del destinatario (o, se questo é ignoto, nel comune di dimora e, se anche la dimora é ignota, nel comune di domicilio), l'ufficiale giudiziario, in caso di rifiuto del consegnatario di ricevere copia dell'atto, deposita la copia nella casa del comune in cui la notificazione deve eseguirsi, affigge avviso del deposito alla porta dell'abitazione, dell'ufficio o dell'azienda del destinatario e gliene dà notizia a mezzo raccomandata con avviso di ricevimento.

Non si pone invece il problema del rifiuto proveniente da persona diversa dal destinatario e rinvenuta in luoghi diversi da quelli suindicati, non essendo in questo caso consentita la notificazione.

Ad esempio, se il destinatario risiede ed abita a Milano, ma esercita la propria attività d'impresa a Monza, l'atto dovrà essergli notificato presso l'abitazione sita in Milano, eventualmente mediante consegna di copia

ad altra persona (tra quelle indicate nell'art. 139) o, in caso di assenza o rifiuto del consegnatario, mediante deposito di copia nella casa comunale ai sensi dell'art. 140 c.p.c.

Se invece il destinatario esercita la propria attività imprenditoriale a Milano (comune di residenza in cui si trova anche la sua abitazione), l'atto potrà essergli notificato, con le stesse modalità, presso la casa di abitazione o presso l'impresa, senza necessità di seguire un ordine preferenziale (cfr. Cass. Sez. I n.4691 del 08/05/1998).

39) Come si effettua la notificazione in caso di assenza del destinatario e delle persone indicate nell'art. 139 c.p.c.?

In caso di assenza del destinatario e delle persone indicate nell'art. 139 c.p.c. l'ufficiale giudiziario effettua la notifica ai sensi dell'art. 140 c.p.c. depositando la copia dell'atto nella casa del Comune dove la notificazione deve eseguirsi, affiggendo avviso del deposito (in busta chiusa e sigillata) alla porta dell'abitazione o dell'ufficio o dell'azienda del destinatario e dandogliene notizia per raccomandata con avviso di ricevimento.

40) **Come va effettuata la notifica qualora un familiare anagraficamente convivente del destinatario dichiari all'ufficiale giudiziario che il destinatario ha cambiato indirizzo?**

La presunzione di residenza del destinatario in un determinato luogo, così come risultante dal certificato di residenza, non può essere vinta dalla semplice dichiarazione del familiare convivente, il quale afferma che il destinatario ha cambiato indirizzo.

Pertanto, in caso di rifiuto di ricevere l'atto da parte del familiare convivente, l'ufficiale giudiziario, in mancanza di altri elementi idonei a superare la presunzione delle risultanze anagrafiche, notificherà l'atto con le modalità di cui all'art. 140 c.p.c.

E' prassi tuttavia che, qualora il familiare dichiari all'ufficiale giudiziario il nuovo indirizzo del destinatario, si proceda a notificare l'atto presso il nuovo indirizzo, e si provveda a notificare l'atto, ai sensi dell'art. 140 c.p.c., presso il vecchio indirizzo solo nel caso in

cui si dovesse riscontrare che al nuovo indirizzo il destinatario risulti sconosciuto.

41) Quali sono le conseguenze della mancata affissione dell'avviso sulla porta dell'abitazione, o dell'ufficio, nel caso di notificazione dell'atto effettuata ai sensi dell'art. 140 c.p.c.?

Se non viene effettuata l'affissione, in caso di notificazione effettuata ai sensi dell'art. 140 c.p.c., la notifica sarà sanata dalla ricezione della raccomandata con cui viene data notizia al destinatario dell'avvenuto deposito di copia dell'atto nella casa comunale. La notificazione pertanto sarà valida ed efficace **(cfr. Cass. n. 8929/1998)**.

42) Quando si perfeziona la notifica dell'atto effettuata con le modalità di cui all'art. 140 c.p.c.?

La notifica effettuata ai sensi dell'art. 140 c.p.c. si perfeziona per la parte istante al momento della richiesta di notifica fatta all'ufficiale giudiziario. Il consolidamento di tale effetto anticipato per il notificante, dipende tuttavia dal perfezionamento della notifica nei confronti del destinatario.

Per il destinatario, la notifica si perfeziona invece al momento della conoscenza effettiva o legale dell'atto che si raggiunge con la ricezione della raccomandata, con ricevuta di ritorno, contenente l'avviso di avvenuto deposito nella Casa comunale.

In caso di mancato ritiro della raccomandata da parte del destinatario, la notifica si ha per avvenuta decorsi dieci giorni dalla sua spedizione **(cfr. Corte Costituzionale, sentenza n. 3 del 11 gennaio 2010)**.

E' opportuno pertanto controllare sempre che, qualora l'atto sia stato notificato ai sensi dell'art. 140 c.p.c. l'ufficiale giudiziario abbia annotato nella relata di notifica il numero della raccomandata con cui ha inviato l'avviso al destinatario, nonché la data di spedizione. Il numero della raccomandata sarà utile per richiedere un duplicato della ricevuta di ritorno in caso di mancata restituzione da parte delle poste; la data di spedizione, invece, è indispensabile per determinare l'eventuale giorno di perfezionamento della notifica (10 giorni dalla spedizione dell'avviso).

Vi ricordiamo inoltre che è vincolante, al fine della validità della notifica ai sensi dell'art. 140 c.p.c. che la ricevuta di ritorno sia allegata all'atto (cfr. Cass. n. 458 del 13 gennaio 2005).

43) E' previsto l'eventuale successivo invio della C.A.N. (comunicazione di avvenuta notifica) o della C.A.D. (comunicazione di avvenuto deposito) nel caso di invio dell'avviso a mezzo raccomandata ai sensi dell'art. 140 c.p.c. qualora la raccomandata non sia stata consegnata al destinatario (C.A.N.) ovvero sia stata depositata negli uffici postali (C.A.D) a causa dell'assenza del destinatario, dei familiari conviventi e delle altre persone idonee a riceverla (custode o vicino)?

No! In questo caso la C.A.N. e la C.A.D. non devono essere inviate. Infatti, l'ufficiale giudiziario deve indicare sul bordo della raccomandata che spedisce e sul retro della ricevuta di ritorno che: *"trattasi di raccomandata inviata ai sensi dell'art. 140 c.p.c. non soggetta ad invio di ulteriore raccomandata"* (è possibile utilizzare anche la formula breve, scrivendo semplicemente "*avviso*").

La C.A.N. e la C.A.D. non devono essere inviate neppure nei casi di raccomandata spedita ai sensi degli artt. 139 e 660 c.p.c. e 157 c.p.p.

44) In caso di deposito dell'atto giudiziario nella casa comunale ai sensi dell'art. 140 c.p.c. l'ufficiale giudiziario deve indicare nella relata di notifica il nominativo dell'impiegato che riceve il plico?

No! L'ufficiale giudiziario deve solo attestare di aver depositato copia dell'atto nella casa comunale **(cfr. Cass. n. 8753 del 27 aprile 2005).**

45) A quali formalità deve attenersi l'ufficiale giudiziario quando notifica l'atto ai sensi dell'art. 140 c.p.c. al fine di rispettare la privacy del destinatario?

Deve depositare nella casa comunale l'atto giudiziario chiuso in un plico sigillato su cui appone solo il numero di cronologico dell'atto e il nominativo del destinatario. La stessa formalità deve essere rispettata per l'affissione dell'avviso **(cfr. decreto legislativo n. 196 del 30 giugno 2003).**

Tabella 3: Schema dell' art. 140 c.p.c.

Notificazione a persona momentaneamente irreperibile

Presupposti:	**Modalità:**
-Irreperibilità momentanea del destinatario (assenza per lavoro, shopping, viaggio breve, etc.); -Assenza o rifiuto o inidoneità di familiare convivente o persona addetta alla casa, all' ufficio o all'azienda; -Assenza o rifiuto del custode; -Assenza o rifiuto del vicino.	-Deposito della copia dell'atto nella casa comunale in plico chiuso e sigillato recante solo il numero di cronologico e il nominativo del destinatario; -Affissione dell' avviso sulla porta dell'abitazione, dell'ufficio o dell'azienda, in plico chiuso e sigillato recante solo il numero di cronologico dell'atto e il nominativo del destinatario; -Invio della raccomandata con ricevuta di ritorno contenente le informazioni di cui all'art. 48 delle disposizioni di attuazione c.p.c.

Perfezionamento della notifica

Per il richiedente: Nel momento in cui si richiede la notifica dell'atto all' ufficiale giudiziario. Tuttavia il consolidamento di tale effetto anticipato per il notificante dipende dal perfezionamento della notifica nei confronti del destinatario	**Per il destinatario**: Nel momento di ricezione della raccomandata contenente l'avviso di deposito della copia dell'atto nella casa comunale ovvero qualora siano decorsi dieci giorni dalla spedizione della raccomandata

Notificazione presso il domiciliatario (art. 141 c.p.c.)

La notificazione degli atti a chi ha eletto domicilio presso una persona o un ufficio può essere fatta mediante consegna di copia alla persona o al capo dell'ufficio in qualità di domiciliatario, nel luogo indicato nell'elezione.

Quando l'elezione di domicilio è stata inserita in un contratto, la notificazione presso il domiciliatario è obbligatoria, se così è stato espressamente dichiarato.

La consegna, a norma dell'art. 138, della copia nelle mani della persona o del capo dell'ufficio presso i quali si è eletto domicilio, equivale a consegna nelle mani del destinatario. La notificazione non può essere fatta nel domicilio eletto se è chiesta dal domiciliatario o questi è morto o si è trasferito fuori della sede indicata nell'elezione di domicilio o è cessato l'ufficio.

<u>Domande e Risposte</u>

46) Come si effettua la notificazione di un atto giudiziario presso il domiciliatario?

La notificazione di un atto a chi ha eletto domicilio presso una persona o un ufficio può essere fatta mediante consegna di copia alla per-sona o al capo dell'ufficio in qualità di domi-ciliatario, nel luogo indicato nell'elezione.

47) Quali sono le conseguenze del rifiuto di ricevere l'atto da parte del domiciliatario?

Il rifiuto del domiciliatario di ricevere la copia dell'atto equivale alla consegna della copia a mani proprie **(cfr. Cass. sez. I n. 17927/2003).**

48) Quali sono le conseguenze del rifiuto di ricevere l'atto da parte di persona diversa dal domiciliatario?

Se il rifiuto di ricevere l'atto proviene da persona diversa dal domiciliatario e non è possibile la consegna ad altra persona, l'ufficiale giudiziario effettua la notificazione secondo le modalità previste dall'art. 140 c.p.c.

49) E' possibile la notificazione a mani del collega di studio del domiciliatario?

E' pienamente valida ed efficace la notificazione effettuata a mani del collega di studio del domiciliatario **(cfr. Cass. Civ. Sezioni Unite n.14792/2005)**

50) Può essere effettuata la notificazione nel domicilio eletto su richiesta dello stesso domiciliatario?

La notificazione non può essere effettuata nel domicilio eletto se è richiesta dallo stesso domiciliatario.

51) Può essere effettuata la notificazione nel domicilio eletto in caso di morte, trasferimento o cessazione dell'ufficio del domiciliatario?

La notificazione non può essere effettuata nel domicilio eletto in caso di morte, trasferimento o cessazione dell'ufficio del domiciliatario.

52) In caso di notifica di un atto a più destinatari che hanno eletto domicilio presso un unico domiciliatario può essere consegnata una sola copia per tutti i destinatari?

No. Occorre consegnare tante copie quanto sono i destinatari dell'atto.

Nel caso in cui l'ufficiale giudiziario consegni un numero di copie inferiore al numero dei destinatari e non sia possibile stabilire le persone a cui sono dirette le copie consegnate, la notifica-zione è inesistente **(cfr. Cass. sez. III n. 9547 del 12 novembre 2006).**

53) A chi va notificato l'atto nel caso in cui il destinatario sia rappresentato da più di un procuratore?

La notificazione può essere utilmente rivolta ad uno dei procuratori, anche se il domicilio è stato eletto presso un altro **(cfr. Cass. n. 12963 del 31 maggio 2006).**

54) Nel caso di trasferimento del procuratore domiciliatario, la notificazione può essere effettuata al nuovo indirizzo?

L' art. 141 c.p.c. dispone che la notificazione al domiciliatario eletto in via autonoma venga effettuata nel luogo indicato nell'elezione di domicilio. Tuttavia, per la notificazione degli atti al procuratore costituito, non esiste alcun onere di comunicare eventuali variazioni alla controparte e il dato di riferimento personale prevale su quello topografico.

Rileva pertanto, ai fini della notificazione, il luogo in cui la professione è esercitata al momento in cui la notificazione deve essere eseguita.

L'elezione di domicilio presso lo studio del procuratore non ha infatti una sua autonoma rilevanza ed assume semplicemente la funzione di indicarne la sede **(cfr. Cass. Civ. Sez. I n. 17391 del 24/07/2009; Cass. Civ. Sez. Lavoro n. 1986 del 12/02/2002).**

Tabella 4: Schema dell' art. 141 c.p.c.

Notificazione al domiciliatario

Modalità	Casi in cui non deve essere fatta
-Consegna di copia alla persona domiciliataria o al capo dell'ufficio in qualità di domiciliatario nel luogo indicato nell'elezione di domicilio. E' obbligatoria se l'elezione di domicilio è stata inserita in un contratto ed è stato espressamente dichiarato che quel domicilio è il luogo di notifica degli atti.	-Se chiesta dal domiciliatario. -Se il domiciliatario è morto. -Se il domiciliatario si è trasferito in altro luogo, diverso da quello indicato nell'elezione di domicilio. - Se l'ufficio del domiciliatario è cessato.

Notificazione a persona non residente,nè dimorante, né domiciliata nella Repubblica (art. 142 c.p.c.)

Salvo quanto disposto nel secondo comma, se il destinatario non ha residenza, dimora o domicilio nello Stato e non vi ha eletto domicilio o costituito un procuratore a norma dell'art. 77, l'atto è notificato mediante spedizione al destinatario per mezzo della posta con raccomandata e mediante consegna di altra copia al Ministero degli affari esteri per la consegna alla persona alla quale e' diretta.

Le disposizioni di cui al primo comma si applicano soltanto nei casi in cui risulta impossibile eseguire la notificazione in uno dei modi consentiti dalle Convenzioni internazionali e dagli artt. 30 e 75 del D.P.R. 5 gennaio 1967, n. 200.

Nota da consegnarsi al pubblico ministero (art. 49 disp. att. c.p.c.)

L'ufficiale giudiziario che esegue la notificazione a norma degli articoli 142, 143 e 146 del Codice, deve consegnare al pubblico ministero, insieme con la copia dell'atto, una nota contenente:
1. l'indicazione del nome e della qualità della persona che ha chiesto la notificazione
2. il nome, la residenza o la dimora del destinatario;
3. la natura dell'atto notificato;
4. il giudice che ha pronunciato il provvedimento notificato o davanti al quale si deve comparire;
5. la data e la firma dell'ufficiale giudiziario.

La nota è trasmessa dal pubblico ministero insieme con l'atto al ministero degli affari esteri o al comando militare posto nella circoscrizione del tribunale, i quali provvedono d'urgenza alla consegna.

55) Come si effettua la notificazione a persona residente o dimorante o domiciliata all'estero?

Se il destinatario non ha residenza, dimora o domicilio in Italia ed è conosciuta la sua residenza o dimora o domicilio all'estero, la notificazione va eseguita nei modi consentiti dalle Convenzioni internazionali o dal Regolamento consolare.

Se non è possibile eseguire la notificazione in uno dei modi consentiti dalle Convenzioni internazionali e dal Regolamento consolare, l'atto è notificato mediante spedizione di copia al destinatario per mezzo del sevizio postale con raccomandata e mediante consegna di altra copia al pubblico ministero (unitamente alla nota prevista dall'art. 49 disp. Att. c.p.c.) che ne cura la trasmissione al Ministero degli affari esteri per la consegna al destinatario **(art. 49 disp. att. c.p.c.).**

56) Quando si perfeziona la notifica all'estero?

La notificazione effettuata all'estero nei modi previsti dalle Convenzioni internazionali e dal Regolamento consolare si perfeziona:
- **per il notificante**, al momento della richiesta di notificazione fatta all'ufficiale giudiziario;
- **per il destinatario**, al momento della conoscenza (legale od effettiva dell' atto.

La notificazione effettuata all'estero con le modalità di cui all' art. 142 c.p.c. si perfeziona invece, per il destinatario, nel ventesimo giorno successivo a quello in cui sono state compiute tutte le formalità previste (spedizione della copia a mezzo raccomandata e consegna di altra copia al pubblico ministero).

Rinvio.

Ci riserviamo di trattare prossimamente, con separata pubblicazione, la vasta materia delle notifiche all'estero.

Riportiamo di seguito le principali convenzioni attualmente applicabili tra i vari Stati:

-Convenzione Postale Universale di Rio de Janeiro del 26/10/1979 (D.P.R. 11/02/1981 n. 358);

-Convenzione de l' Aja del 15/11/1965;

-Regolamento CE n. 1393/2007, applicabile a

tutti gli Stati membri dell' Unione Europea.

Il Regolamento, (con relativa modulistica e indicazione delle autorità competenti per la trasmissione e ricezione degli atti da notificare) è facilmente reperibile sull'**Atlante Giudiziario della Commissione Europea**, al quale si può facilmente accedere digitando sul motore di ricerca "google" la voce "Atlante giudiziario europeo"

-**Artt. 37 e 77 del D. Lgs. 03/02/2011, n. 71** che ha sostituito il D.P.R. 05/01/1967, n. 200 (cui fa riferimento l'art. 142 c.p.c.), per la notifica a mezzo della rappresentanza consolare territorialmente competente.

-**Accordo bilaterale del 02/06/1988 tra l'Italia e la Svizzera** concernente la trasmissione degli atti giudiziari e stragiudiziari in materia civile e commerciale (per la ricerca dell'autorità svizzera ricevente, consultare il sito www.elorge.admin.ch.

Una **guida alla notifica all'estero degli atti giudiziari ed extragiudiziari in materia civile e commerciale** è altresì facilmente consultabile e scaricabile sul sito del Ministero degli affari esteri (www.esteri.it), seguendo questo percorso:

- partire dalla home page e cliccare sulla voce "servizi consolari";

- dalla pagina dei servizi consolari cliccare sulla voce "notifiche all'estero";
- dalla pagina delle notifiche all'estero è possibile reperire le informazioni relative alle modalità di notificazione all'estero degli atti in materia civile, penale ed amministrativa.

Per le notifiche in materia civile cliccare sulla voce "Guida alla notifica all'estero degli atti giudiziari in materia civile e commerciale".

Notificazione a persona di residenza, dimora e domicilio sconosciuti (art. 143 c.p.c.)

Se non sono conosciuti la residenza, la dimora e il domicilio del destinatario e non vi è il procuratore previsto nell'art. 77, l'ufficiale giudiziario esegue la notificazione mediante deposito di copia dell'atto nella casa comunale dell'ultima residenza o, se questa è ignota, in quella del luogo di nascita del destinatario.

Se non sono noti nè il luogo dell'ultima residenza nè quello di nascita, l'ufficiale giudiziario consegna una copia dell'atto al pubblico ministero.

Nei casi previsti nel presente articolo e nei primi due commi dell'articolo precedente, la notificazione si ha per eseguita nel ventesimo giorno successivo a quello in cui sono compiute le formalità prescritte.

Nota da consegnarsi al pubblico ministero (art. 49 disp. att. c.p.c.)

Ved. la sezione relativa all' art. 142 c.p.c.

Domande e Risposte

57) Quale tipologia di irreperibilità consente la notifica ai sensi dell'art. 143 c.p.c.?

Si fa ricorso alla notifica di cui all'art. 143 c.p.c. qualora ci si trovi di fronte a una irreperibilità accertata del destinatario e non temporanea (ipotesi, quest'ultima, prevista, invece dall'art. 140 c.p.c.).

Occorre pertanto verificare che il destinatario sia di fatto irreperibile presso l'ultima residenza conosciuta in quanto trasferitosi altrove senza comunicare all'ufficio anagrafe il nuovo indirizzo.

Se non si conosce l'ultima residenza del destinatario, la notifica ai sensi dell'art. 143 c.p.c., ossia il deposito della copia dell'atto, si effettua presso il comune del luogo di nascita.

58) Qual è l'iter da seguire per richiedere una notifica ai sensi dell'art. 143 c.p.c.?

La parte istante può richiedere la notifica ai sensi dell'art. 143 c.p.c. qualora siano stati effettuati dall'ufficiale giudiziario tutti i tentativi, risultati vani, di notificare l'atto nei modi previsti dall'art. 138, 139 e 140 c.p.c. Per cui non è stato possibile notificare l'atto né in mani proprie; né in mani di un consegnatario (familiare, addetto alla casa o all'ufficio o all'azienda, portiere dello stabile, vicino di casa); né ai sensi dell'art. 140 c.p.c. (deposito della copia nella casa comunale, affissione dell'avviso e invio dell'avviso con raccomandataa A.R.) in quanto all'indirizzo indicato l'ufficiale giudiziario non ha rinvenuto il nominativo sul citofono o sulle cassette postali e non ha potuto quindi accertare se il destinatario abitasse effettivamente nel luogo indicatogli dalla parte istante. Inoltre, dalle ricerche effettuate presso alcuni vicini, l'ufficiale giudiziario ha appreso che il destinatario è sconosciuto o si è trasferito altrove. Accertato ciò, la parte istante dovrà richiedere all'ufficio anagrafe del comune di residenza del destinatario copia del certificato di residenza per verificare se nel frattempo il destinatario non abbia comunicato il nuovo indirizzo. In caso positivo, dovrà richiedere all'ufficiale giudiziario di tentare la notifica dell'atto al nuovo indirizzo, ove l'atto potrà essere notificato ai sensi degli artt. 138, 139 o 140 c.p.c.

Per cui la notifica ai sensi dell'art. 143 c.p.c. potrà essere richiesta solo nel caso in cui le ricerche anagrafiche non rivelino alcun cambio di indirizzo del destinatario. In questo caso, la parte istante allegherà il certificato di residenza all'originale dell'atto da notificare e richiederà all'ufficiale giudiziario di notificare l'atto ai sensi dell'art. 143 c.p.c. mediante deposito di copia nella Casa comunale dell'ultimo luogo di residenza conosciuto, avendo cura di dichiarare sull'originale dell'atto di non essere a conoscenza di altri luoghi idonei ove tentare la notifica.

Consiglio: richiedere presso l'ufficio anagrafe se il destinatario convive con qualcuno: a volte sul citofono o sulle cassette postali potrebbe esserci il solo nome del convivente.

59) Come si effettua la notificazione di un at-

to giudiziario a persona di residenza, dimora e domicilio sconosciuti?

La notificazione di un atto giudiziario a persona di residenza, dimora o domicilio sconosciuti si effettua mediante deposito di copia (in busta chiusa e sigillata) nella casa comunale dell'ultima residenza del destinatario. Se l'ultima residenza è ignota, il deposito va effettuato nella casa comunale del luogo di nascita del destinatario. Se anche il comune di nascita è ignoto, la notificazione va effettuata mediante consegna di copia dell'atto al Pubblico Ministero unitamente ad una nota contenente gli elementi di cui all'art. 49 disp. di attuazione c.p.c. **(cfr. Cass. sez. III nn. 4806/1982 - 2504/2002 - 4339/2001 - 8955/2006; Cass. sez. I n. 540/2000; Cass. Sezioni Unite n. 6737/2002).**

60) Quando si perfeziona la notifica di un atto a persona di residenza, dimora e domicilio sconosciuti?

La notificazione di un atto a persona di residenza, dimora e domicilio sconosciuti si perfeziona nel ventesimo giorno successivo al compimento delle formalità di notificazione. E cioè, nel ventesimo giorno successivo al giorno del deposito della copia dell'atto nella casa comunale dell'ultima residenza conosciuta o nella casa comunale del luogo di nascita (se l'ultima residenza del destinatario è sconosciuta).

Esempio: Quando può essere presentata all'ufficiale giudiziario la richiesta di un pignoramento, se l'atto di precetto è stato depositato nella casa comunale, ai sensi dell'art. 143 c.p.c., il 5 maggio?

Dopo 30 giorni dal deposito del precetto nella Casa comunale: 20 gg. per il perfezionarsi della notifica (25 maggio) + 10 gg. per attendere l'eventuale pagamento del precetto, e quindi dal 5 giugno.

Si precisa inoltre che il termine dei 20 giorni per il perfezionamento della notifica è posto a favore del destinatario.

Pertanto, per la parte istante la notificazione si perfeziona e produce i suoi effetti con il compimento delle prescritte formalità, ovvero, con il deposito della copia nella Casa comunale dell'ultimo luogo di residenza conosciuto, o nella Casa comunale del luogo di nascita se quello di residenza è ignoto, ovvero, con la consegna dell'atto e della nota di cui all'art. 49 disp. att. c.p.c. al pubblico ministero qualora anche il comune di nascita sia sconosciuto **(cfr. Cass. n. 4947/1980).**

61) E' valida la notificazione effettuata ai sensi dell'articolo 143 c.p.c. se l'ufficiale giudiziario non abbia chiarito, in una precedente relata di notifica, di avere compiuto invano tutte le ricerche possibili per reperire il destinatario?

La notificazione a persona di residenza, dimora e domicilio sconosciuti, effettuata ai sensi dell' art. 143 c.p.c. è nulla se l'ufficiale giudiziario non ha precisato, nella relata di notifica, di aver compiuto tutte le ricerche possibili per reperire il destinatario.
Le condizioni legittimanti tale tipo di notificazione non sono infatti rappresentate dal solo dato soggettivo dell'ignoranza da parte dell'ufficiale giudiziario circa la residenza, la dimora e il domicilio del destinatario dell'atto, essendo altresì richiesto che tale ignoranza sia oggettivamente incolpevole, e cioè che essa non possa essere supe-

rata attraverso le indagini possibili che il notificante deve compiere usando l'ordinaria diligenza. E' sempre opportuno pertanto **allegare all'atto da notificare un certificato di residenza aggiornato e richiedere all'ufficiale giudiziario di effettuare preventivamente un accesso presso l'ultimo indirizzo conosciuto del destinatario e procedere alla notifica ai sensi dell'art. 143 c.p.c. solo in caso di esito nega-tivo (cfr. Cass. sez. III n. 4339 del 26/03/2001 e n. 2504 del 21/02/2002).**

62) Con quali modalità va effettuata la notifica ad un soggetto regolarmente iscritto all'anagrafe ma non avente fissa dimora?

Se una persona risulta regolarmente iscritta all'anagrafe comunale pur non avendo fissa dimora (e ciò si evince dallo stesso certificato di residenza), la relativa notificazione va effettuata mediante deposito di copia nella casa comunale (ultimo comune di residenza conosciuto) ai sensi dell' art. 143 c.p.c.

63) Come va effettuata la notifica ad un soggetto nato in Italia e con ultima e unica resi-

denza conosciuta all'estero, ma di fatto irreperibile?

Se non si conosce alcun luogo di residenza in Italia, la relativa notificazione va effettuata mediante deposito di copia nella casa comunale del comune di nascita del destinatario.

64) Come va effettuata la notifica a persona nata all'estero, residente all'estero, mai residente in Italia e di fatto irreperibile?

La fattispecie riguarda le ipotesi di "residenza, dimora e domicilio sconosciuti" di cui all'art. 143 c.p.c. e non quelle di "impossibilità della notifica nei modi previsti dalle Convenzioni internazionali e dal Regolamento consolare di cui all'art. 142 c.p.c.

In questo caso, pertanto, si consegna (non in busta chiusa) copia dell'atto al P.M. ai sensi del -l'art. 143, comma II, c.p.c.

Va precisato che le condizioni legittimanti tale tipo di notificazione non sono rappresentate dal solo dato soggettivo dell'ignoranza circa la residenza, la dimora e il domicilio del destinatario dell'atto, essendo richiesto altresì che tale ignoranza non possa essere superata attraverso le indagini possibili nel caso concreto, che l'ufficiale giudiziario deve compiere usando l'ordinaria diligenza.

E' pertanto necessario che la residenza, la dimora o il domicilio del destinatario siano di fatto sconosciuti (e tale circostanza dovrà essere comprovata almeno da una relata "negativa" dell'ufficiale giudiziario, nonostante la residenza del destinatario "sulla carta" risulti all' estero.

Ad esempio: se il sig. Brown è nato a Londra, non è mai stato residente in Italia e risulta residente a Londra, l'atto deve essergli notificato nelle forme previste dal Regolamento CEE n. 1393/2007.

Se l'autorità britannica attesta che il sig. Brown si é trasferito per località ignota e non ha lasciato alcun recapito, in mancanza di altre notizie sulla possibile residenza di fatto o domicilio o dimora del sig. Brown, l'atto gli sarà notificato nelle forme di cui all'art. 143, comma II, c.p.c.

Va osservato che la "Guida alla notifica all'estero degli atti giudiziari ed extragiudiziari in materia civile e commerciale", reperibile nel sito del Ministero degli esteri, lascia intendere la possibilità (a nostro avviso quantomeno improbabile) di applicare alla fattispecie il primo comma dell'art. 143, laddove si osserva che, se il destinatario straniero é irreperibile in Italia e viene disposta dalla competente autorità giudiziaria la notifica ai sensi dell'art. 143 c.p.c., "l'applicazione delle modalità di notificazione dell'atto ai sensi della predetta norma presuppone una collaborazione dello Stato straniero che, su richiesta della Rappresentanza diplomatico-consolare italiana, riceve l'atto per l'eventuale affissione alla casa comunale straniera, o equivalente, ove esistente".

65) Vi è un modo per abbreviare l'iter per la richiesta di una notifica ai sensi dell'art. 143 c.p.c.?

Sì. Occorre richiedere all'ufficiale giudiziario di procedere, in caso di notifica vana all'indirizzo richiesto, direttamente alla notifica dell'art. 143 c.p.c. senza restituire l'atto.

E' opportuno pertanto presentare una richiesta scritta all'ufficiale giudiziario di procedere anche alla notifica ai sensi dell'art. 143 in caso di notifica vana all'indirizzo indicato, avendo cura di predisporre sia sull'originale che sulla copia dell'atto da notificare una doppia relata di notifica in cui indicherete nella prima, l'indirizzo ove effettuare la notifica e nella seconda, l'attestazione di aver depositato copia dell'atto nella casa comunale dell'ultimo luogo di residenza conosciuta, attestazione che sarà eventualmente firmata dall'ufficiale giudiziario qualora si dovessero verificare i presupposti per notificare l'atto ai sensi dell'art. 143 c.p.c. (vedi gli esem-pi che seguono).

Occorre inoltre:

-**dichiarare** sull'originale dell'atto, prima della relata di notifica o sulla richiesta presentata all'ufficiale giudiziario, **di avere compiuto tutte le ricerche possibili suggerite dalla normale diligenza** ma di non essere a conoscenza di altri indirizzi utili ove notificare l'atto;

-**allegare** all'atto **un certificato di residenza aggiornato** (per aggiornato, si intende un certificato di residenza emesso il giorno prima, se non lo stesso giorno, in cui viene richiesta la notifica, in quanto un certificato di residenza emesso, ad esempio, un mese prima potrebbe inficiare la notifica se, nel frattempo, il destinatario abbia comunicato all'ufficio anagrafe il nuovo indirizzo.

66) La notifica ai sensi dell'art. 143 c.p.c può essere effettuata a mezzo del servizio postale?

No, in quanto richiede l'intervento dell'ufficiale giudiziario sia per le ricerche del destinatario che per il successivo deposito della copia dell'atto nella Casa comunale dell'ultimo luogo di residenza conosciuto.

67) E' possibile eseguire la notifica ai sensi dell'art. 143 c.p.c. in seguito a una notifica negativa dell'atto, effettuata a mezzo del servizio postale?

No, in quanto occorre che ci siano ricerche dettagliate del destinatario, effettuate presso il luogo di residenza, anche interpellando i vicini di casa.

L'irreperibilità deve essere oggettiva e deve derivare da ricerche accurate, condotte con l'impiego della comune diligenza e riscontrabili nella relazione dell'ufficiale giudiziario. Per cui non è possibile procedere alla notifica ai sensi dell'art. 143 c.p.c. in seguito alla sola notifica negativa eseguita a mezzo del servizio postale, in quanto la dicitura "irreperibile o trasferito" apposta sul plico dall'agente postale non è ritenuta sufficiente **(cfr. Cass. n.4806/1984; n. 339/2001; n. 2504/2002).**

Tabella 5: Procedura di notifica ai sensi dell'art. 143c.p.c

Prima relazione di notifica	**Corte d'Appello di Milano** Io sottoscritto ufficiale giudiziario addetto all'intestato ufficio, su richiesta dell' Avv. Giancarlo Ligabue, ho notificato l'avanti esteso atto al signor Vasco Rossi, residente in Milano, via Roma 1, ivi consegnandone copia a mani di...(segue eventuale relata negativa. Ad esempio: "*non ho potuto effettuare la notificazione in quanto il destinatario si é trasferito altrove senza lasciare alcun recapito, come da informazioni assunte in luogo presso alcuni vicini, etc...)*
Richiesta di notifica ai sensi dell'art. 143 c.p.c.	Il sottoscritto Avv. Giancarlo Ligabue, avendo effettuato tutte le ricerche possibili suggerite dalla normale diligenza e non essendo a conoscenza di indirizzi utili ove notificare l'atto al signor Vasco Rossi, residente in via Roma 1, Milano, diversi da quello indicato nel certificato di residenza che si allega, chiede che si proceda, in caso di notifica negativa all'indirizzo suindicato, alla notifica ai sensi dell'art. 143 c.p.c. (data e firma del richiedente)

Tabella 6: Schema dell'art. 143 c.p.c.

Presupposti	-Residenza, dimora e domicilio sconosciuti; -Non vi è il procuratore costituito di cui all'art. 77 c.p.c.; -Irreperibilità accertata sul luogo della notifica con ricerche accurate menzionate nella relata di notifica dell'ufficiale giudiziario; -dichiarazione della parte istante di avere compiuto tutte le ricerche suggerite dalla normale diligenza e di non conoscere indirizzo diverso da quello indicato nel certificato di residenza.
Modalità	-Deposito di copia dell'atto, in busta chiusa e sigillata, nella Casa comunale dell'ultimo luogo di residenza conosciuto; ovvero, nella Casa comunale del comune di nascita, se sconosciuta l'ultima residenza. -Consegna di copia dell'atto, accompagnata dalla nota di cui all'art. 49 disp. att. c.p.c. al Pubblico Ministero se sconosciuto sia il comune dell'ultimo luogo di residenza, che quello di nascita
Perfezionamento	20 giorni dal compimento delle formalità previste (deposito della copia nella casa comunale o consegna al P.M.)

Tabella 7: Schema comparato articoli 140 e 143 c.p.c.

Articolo	140	143
Deposito nel Comune di	residenza, dimora o domicilio	Ultima residenza conosciuta, altrimenti comune di nascita; se entrambi sconosciuti, consegna della copia dell'atto al P.M. con nota di cui all'art. 49 disp. att. c.p.c.
Chi lo decide	L'ufficiale giudiziario	Su richiesta di parte, accertate le condizioni previste
Raccomandata A.R. al destinatario	Si	No
Affissione alla porta dell'abitazione, dell'ufficio o azienda	Si	No
Mezzo posta	No	No
Perfezionamento della notifica per il destinatario	Al ricevimento della RR o dopo 10 gg dall'invio.	Dopo 20 gg dal deposito nella Casa Comunale o dalla consegna della copia dell'atto al P.M.

Notificazione alle amministrazioni dello Stato (art. 144 c.p.c.)

Per le amministrazioni dello Stato si osservano le disposizioni delle leggi speciali che prescrivono la notificazione presso gli uffici dell'Avvocatura dello Stato.

Fuori dei casi previsti nel comma precedente, le notificazioni si fanno direttamente, presso l'amministrazione destinataria, a chi la rappresenta nel luogo in cui risiede il giudice davanti al quale si procede. Esse si eseguono mediante consegna di copia nella sede dell'ufficio al titolare o alle persone indicate nell'articolo seguente.

Domande e Risposte

68) Dove si esegue la notificazione alle Amministrazioni dello Stato?

In generale, quando è previsto da leggi speciali, si esegue presso gli uffici dell'Avvocatura dello Stato nel cui distretto ha sede il giudice adito.

69) Le notificazioni alle amministrazioni dello Stato possono essere effettuate solo durante l'orario di apertura al pubblico?

Assolutamente no! Le notificazioni alle amministrazioni dello Stato possono essere effettuate negli orari previsti dall'art.147 c.p.c., ossia dalle 7 alle 21. Per cui nessun impiegato incaricato a ricevere le notificazioni per conto dell'amministrazione di appartenenza potrà rifiutare la notifica se l'ufficiale giudiziario si presenti nel suo ufficio fuori dall'orario di apertura al pubblico **(cfr. Cass. sez. I n. 158 del 13 gennaio 1977).**

70) In quali casi e secondo quali modalità la notificazione alle amministrazioni dello Stato si esegue direttamente presso la sede dell'amministrazione destinataria?

Quando leggi speciali non prescrivono la notificazione presso gli uffici dell' Avvocatura dello Stato.

Pertanto le notificazioni eseguite direttamente alle amministrazioni dello Stato vengono consegnate a chi rappresenta l'amministrazione nel luogo in cui risiede il giudice davanti al quale si procede secondo le modalità previste dall'art. 145 c.p.c. (notifica alla persona giuridica).

71) Quali atti diretti alle Amministrazioni dello Stato devono essere notificati presso l'Avvocatura dello Stato a pena di nullità?

Tutti gli atti elencati nell'**art 11 del R.D. 30 ottobre 1933 n.1611**, secondo cui:
"Tutte le citazioni, i ricorsi e qualsiasi altro atto di opposizione giudiziale, nonché le opposizioni ad ingiunzione e gli atti istitutivi di giudizi che si svolgono innanzi alle giurisdizioni amministrative o speciali, o innanzi agli arbitri, devono essere notificati presso l'ufficio dell'Avvocatura dello Stato nel cui distretto ha sede l'Autorità giudiziaria innanzi al quale è portata la causa, nella persona del Ministro competente.

Ogni altro atto giudiziale, con eccezione dell'atto di precetto e dell'atto di appello, devono essere notificati presso l'ufficio dell'Avvocatura dello Stato nel cui distretto ha sede l'Autorità giudiziaria presso cui pende la causa o che ha pronunciato la sentenza.

Le notificazioni di cui ai commi precedenti devono essere fatte presso la competente Avvocatura dello Stato a pena di nullità da pronunciarsi anche d'ufficio".

72) In quale ufficio va notificato l'atto di precetto diretto ad una pubblica amministrazione debitrice?

Va notificato direttamente all'ufficio amministrativo debitore, ai sensi dell'**art. 480, ultimo comma, c.p.c.**

La notifica del precetto effettuata presso l'Avvocatura dello Stato è nulla e non sanabile ai sensi dell'**art 156 c.p.c**. che concerne soli gli atti del processo **(cfr. Cass. sez. V n. 19512 del 19 dicembre 2003)**.

73) Dove si esegue la notifica dell'appello, del ricorso al Consiglio di Stato e del ricorso per Cassazione contro un provvedimento emesso a favore di una amministrazione dello Stato?

Inderogabilmente presso l'Avvocatura Generale dello Stato.

Tuttavia la notifica dell'appello al Consiglio di

Stato, eseguita presso l'Avvocatura distrettuale piuttosto che presso l'Avvocatura Generale dello Stato, sarà affetta da nullità sanabile, non comportando pertanto la inammissibilità della impugnazione, ma imponendo al giudice di fissare all'appellante un termine perentorio per rinnovare la notificazione ai sensi dell'**art 15, comma I e 16 del R.D 17/08/1907, n.642** (**cfr. Consiglio di Stato sez. VI n. 00161 del 14/01/2002).**

74) A chi va diretta la notifica degli atti in caso di contenzioso tributario?

Al Direttore dell'Agenzia delle Entrate con sede in Roma.

Infatti, a seguito della istituzione delle agenzie fiscali, le stesse hanno acquisito personalità giuridica di diritto pubblico e possono stare in giudizio a mezzo del direttore che ne ha la rappresentanza.

Pertanto, il ricorso per Cassazione avverso la sentenza della commissione tributaria regionale va proposto dal contribuente nei confronti dell'agenzia medesima e va notificato dal contribuente, ai sensi dell'art. 144, comma II, c.p.c., al

direttore dell'Agenzia delle Entrate in Roma, che ne ha la rappresentanza in giudizio.
Ne consegue l'inammissibilità del ricorso per Cassazione proposto nei confronti dell'ufficio locale dell'agenzia "in persona del direttore pro tempore" per difetto riguardante l'identificazione della controparte **(cfr. Cass. sez. V n.17693 del 02/09/2004).**

75) A chi va diretta la notifica degli atti alle Università?

Ai rispettivi Rettori, in quanto le Università, in seguito alla riforma introdotta dalla Legge **09/05/1989, n. 168**, hanno assunto la qualità di enti pubblici autonomi.

Pertanto, ai fini della rappresentanza e difesa in giudizio, possono agire autonomamente, senza avvalersi dell'Avvocatura dello Stato **(cfr. Cass. Civile sezioni unite n. 10700 del 10 maggio 2006).**

Tabella 8: Schema della notifica alle Amministrazioni dello Stato (art. 144 c.p.c.)

Atti da notificare	Uffici a cui notificare	Riferimenti normativi e giurisprudenziali	Note
In generale, se previsto da leggi speciali.	Avvocatura dello Stato nel cui distretto ha sede il giudice adito	Art. 11 R.D. 30 ottobre 1933, n.1611	Orario identico per tutte le notifiche: dalle 7 alle 21 (art 147 c.p.c.). Anche se l'ufficio è chiuso al pubblico, il funzionario incaricato non può rifiutare la notifica.
Quando leggi speciali non prevedono la notifica all'Avv. dello Stato	Direttamente alle Amministrazioni dello Stato, nel luogo in cui ha sede il giudice davanti al quale si procede.		La notifica va fatta a chi rappresenta l'ente, secondo le modalità previste dall'art. 145 c.p.c. (notifica alla persona giuridica)

Atti da notificare	Uffici a cui notificare	Riferimenti normativi e giurisprudenziali	Note
Le citazioni, i ricorsi e qualsiasi altro atto di opposizione giudiziale, nonché le opposizioni ad ingiunzione e gli atti istitutivi di giudizi che si svolgono innanzi alle giurisdizioni amministrative o speciali, o innanzi agli arbitri.	Ufficio dell'Avvocatura dello Stato nel cui distretto ha sede l'Autorità giudiziaria innanzi alla quale è portata la causa, nella persona del Ministro competente.	Art. 11 R.D. 30 ottobre 1933, n.1611	Le notificazioni devono essere fatte presso la competente Avvocatura dello Stato a pena di nullità da pronunciarsi anche d'ufficio.
Ogni altro atto giudiziale, con eccezione dell'atto di precetto e dell'atto di appello, devono essere notificati presso l'ufficio.	Avvocatura dello Stato nel cui distretto ha sede l'Autorità giudiziaria presso cui pende la causa o che ha pronunciato la sentenza.		Le notificazioni devono essere fatte presso la competente Avvocatura dello Stato a pena di nullità da pronunciarsi anche d'ufficio

Atti da notificare	Uffici a cui notificare	Riferimenti normativi e giurisprudenziali	Note
Atto di precetto	All'ufficio amministrativo debitore, ai sensi dell'art. 480 c.p.c., ultimo comma.	(Cass. Sez. V n. 19512 del 19/12/2003).	La notifica del precetto effettuata presso l'Avv. dello Stato è nulla e non sanabile ai sensi dell'art 156 c.p.c. che concerne solo gli atti del processo.
Atto di appello (Ricorso per Cassazione e al Consiglio di Stato)	Avvocatura Generale dello Stato. Inderogabilmente.	(Consiglio di Stato sezione VI n. 00161 del 14 gennaio 2002).	Se eseguita presso l'Avv. distrettuale piuttosto che presso l'Avv. Generale dello Stato, sarà affetta da nullità sanabile per cui non comporta la inammissibilità della impugnazione bensì impone al giudice di fissare all'appellante un termine perentorio per rinnovare

Atti da notificare	Uffici a cui notificare	Riferimenti normativi e giurisprudenziali	Note
			la notificazione ai sensi dell'art. 15, primo comma, e 16 del R.D 17 agosto 1907 n.642
Contenzioso tributario: ricorso per Cassazione avverso la sentenza della commissione tributaria regionale.	Direttore delle Entrate con sede in Roma.	Art. 144, secondo comma c.p.c. (Cass. sezione V n.17693 del 02/09/2004)	E' inammissibile il ricorso per Cassazione proposto nei confronti dell'ufficio locale dell'agenzia "in persona del direttore pro tempore" per difetto riguardante l'identificazione della controparte ed è priva di effetti giuridici la notifica effettuata al direttore dell'ufficio locale dell'agenzia del territorio

Atti da notificare	**Uffici a cui notificare**	**Riferimenti normativi e giurisprudenziali**	**Note**
Atti diretti alle Università	Al Rettore		

Notificazione alle persone giuridiche (art. 145 c.p.c.)

La notificazione alle persone giuridiche si esegue nella loro sede, mediante consegna di copia dell'atto al rappresentante o alla persona incaricata di ricevere le notificazioni o, in mancanza, ad altra persona addetta alla sede stessa ovvero al portiere dello stabile in cui è la sede. La notificazione puo' anche essere eseguita, a norma degli articoli 138, 139 e 141, alla persona fisica che rappresenta l'ente qualora nell'atto da notificare ne sia indicata la qualita' e risultino specificati residenza, domicilio e dimora abituale.

La notificazione alle societa' non aventi personalita' giuridica, alle associazioni non riconosciute e ai comitati di cui agli artt. 36 ss. c.c. si fa a norma del comma precedente, nella sede indicata nell'art. 19, secondo comma, ovvero alla persona fisica che rappresenta l'ente qualora nell'atto da notificare ne sia indicata la qualità e risultino specificati residenza, domicilio e dimora abituale.

Se la notificazione non può essere eseguita a norma dei commi precedenti, la notificazione alla persona fisica indicata nell'atto, che rappresenta l'ente, può essere eseguita anche a norma degli articoli 140 o 143.

Domande e Risposte

76) Cosa si intende per sede della società?

Si intende sia quella legale, sia quella effettiva.

77) Qual è la procedura più veloce e più efficace per eseguire una notifica alla persona giuridica?

Richiedere all'ufficiale giudiziario di notificare l'atto nella sede legale o effettiva della società e, in caso di esito negativo, di procedere alla notifica presso la residenza del legale rappresentante della società. Pertanto, **vi consigliamo di predisporre due relate di notifica**: nella prima indicherete la sede della società e nella seconda indicherete il nome e cognome del legale rappresentante e l'indirizzo di residenza. Allegate pertanto all'atto un certificato di residenza aggiornato.

Nel caso la residenza sia sconosciuta, indicate la dimora abituale o il domicilio del legale rappresentante.

78) E' possibile richiedere la notifica dell'atto direttamente alla residenza, o alla dimora o al domicilio del legale rappresentante?

In teoria sarebbe possibile, in quanto l'art. 145 c.p.c. novellato prevede che la notifica presso la sede della società possa essere alternativa alla notifica presso la residenza, o successivamente presso il domicilio o la dimora abituale del legale rappresentante, qualora nell'atto siano indicati tali luoghi.

Tuttavia, tale alternanza trova efficacia solo se la notifica dell'atto avviene in mani proprie del legale rappresentante nei luoghi suindicati, o qualora i familiari, o in mancanza di questi ultimi, il portiere o, in mancanza di quest'ultimo, il vicino di casa accettino di ricevere copia dell'atto.

Viceversa, in caso di esito negativo del tentativo

di notifica per assenza del legale rappresentante e per assenza o rifiuto dei familiari conviventi o del portiere o del vicino di casa, l'ufficiale giudiziario non potrà procedere a notificare l'atto ai sensi dell'art.140 c.p.c., ovvero, in caso di irreperibilità accertata, ai sensi dell'art. 143 c.p.c. senza prima aver esperito un tentativo di notifica presso la sede della società. Per tale ragione **consigliamo sempre di richiedere prima la notifica presso la sede legale o effettiva della società e, successivamente (o, in casi di urgenza, contemporaneamente), richiedere la notifica alla residenza, o, qualora la residenza sia sconosciuta, alla dimora o al domicilio del legale rappresentante.**

79) In quali casi è possibile notificare un atto alla persona giuridica ai sensi dell'art. 140 c.p.c., ossia mediante deposito alla casa comunale?

Secondo l'art. 145 c.p.c. la notifica ai sensi dell'art.140 c.p.c. (deposito alla casa comunale) non può essere effettuata se si richiede la notifica alla sede della società. Può essere invece effettuata qualora, esperito un tentativo di notifica con esito negativo alla sede della società, si richiede all'ufficiale giudiziario di effettuare la notifica presso la residenza del legale rappresentante. Pertanto **vi consigliamo di procedere secondo quanto previsto dalla risposta alla domanda precedente.**

80) E' prevista la notifica ai sensi dell'art 143 c.p.c. (irreperibilità accertata) alla persona giuridica?

Non è possibile eseguire la notifica ai sensi dell'art.143 c.p.c. qualora la notifica presso la società abbia avuto esito negativo.

Occorre pertanto, dopo aver tentato la notifica presso la sede della società con esito negativo, richiedere la notifica presso la residenza del legale rappresentante, ovvero, qualora la residenza sia sconosciuta, presso la dimora abituale o il domicilio del legale rappresentante.

Se i suddetti tentativi di notifica sono stati vani occorre procedere alla notifica ai sensi dell'art. 143 c.p.c alla sola persona fisica che rappresenta la società, in quanto la notifica ai sensi dell'art.

143 c.p.c. può essere richiesta solo nei confronti di una persona fisica e mai nei confronti di una persona giuridica.

Ragion per cui, all'ufficiale giudiziario si chiederà di effettuare la notifica ai sensi dell'art. 143 c.p.c. presso il comune dell'ultimo luogo di residenza noto, o nel caso sia sconosciuto, presso il comune di nascita, solo dopo aver esperito un tentativo negativo presso la sede della società e presso la residenza, la dimora e il domicilio del legale rappresentante.

Si consiglia pertanto, qualora si richieda la notifica ai sensi dell'art. 143 c.p.c. di allegare sempre, all'atto da notificare, un certificato di residenza aggiornato e di attestare di non conoscere un indirizzo del legale rappresentante, diverso da quello indicato dal certificato di residenza (cfr. Cass. Sezioni unite n. 8091 del 04 /06/2002).

81) Come procedere in caso di esito negativo della notifica alla sede della persona giuridica?

Occorre richiedere all'ufficiale giudiziario di

notificare l'atto ai sensi dell'art. 145 c.p.c. ultimo comma, ossia presso la residenza del legale rappresentante. In questo caso l'ufficiale giudiziario potrà notificare l'atto anche ai sensi dell'art. 140 c.p.c. (in caso di assenza momentanea) o ai sensi dell'art 143 c.p.c. (in caso di irreperibilità accertata) qualora sia stato impossibile procedere alla notifica ai sensi dell'art. 138 c.p.c. (mani proprie) e 139 c.p.c. (notifica ai familiari, portiere dello stabile, vicino di casa).

Vi consigliamo pertanto di allegare all'atto da notificare un certificato di residenza del legale rappresentante, aggiornato. Nel caso sia sconosciuta la residenza indicare la dimora abituale o il domicilio.

82) In quale sede si esegue la notifica alla persona giuridica?

Si può eseguire sia nella sede legale sia nella sede effettiva. Le due sedi infatti, ai fini delle notificazioni coincidono, per cui la notifica è valida in entrambi i luoghi **(cfr. Cass. n. 3951/1981).**

83) E' valida la notifica effettuata alla sede

effettiva della persona giuridica?

Assolutamente sì! (cfr. risposta precedente).

84) E' regolare una notifica effettuata al portiere dello stabile in cui ha sede la persona giuridica?

Si, se l'ufficiale giudiziario, recatosi presso la sede della società, non rinviene il legale rappresentante o la persona incaricata di ricevere le notificazioni, né rinviene una persona addetta alla sede che accetti di ricevere l'atto. In caso di notifica al portiere pertanto l'ufficiale giudiziario dovrà, come previsto dall'art. 139 c.p.c., consegnare copia dell'atto in busta chiusa, far sottoscrivere al portiere la ricevuta di ritiro che allegherà all'atto e inviare alla società destinataria la raccomandata contenente l'avviso di avvenuta notificazione dell'atto a mani del portiere. Tali formalità potranno essere omesse qualora il portiere sia ad esclusivo servizio della persona giuridica destinataria dell'atto, in quanto in tale ipotesi il portiere viene equiparato, a seconda dei casi, alla persona incaricata di ricevere le notificazioni o alla persona addetta alla sede.

85) A quali soggetti può essere notificata la copia di un atto giudiziario diretto a una persona giuridica?

Al legale rappresentante o alla persona incaricata di ricevere le notificazioni. Ai fini della notifica questi due soggetti sono equiparati.
In caso di assenza di uno dei due, l'ufficiale giudiziario potrà notificare l'atto a una persona addetta alla sede (es. un dipendente che accetta di ricevere la notifica) e, in caso di assenza anche di quest'ultima, al portiere dello stabile in cui la società ha sede.
Per persona incaricata di ricevere le notificazioni si intende la persona espressamente incaricata dal legale rappresentante o dalla società a ricevere gli atti giudiziari in nome e per conto della persona giuridica.
Per addetto alla sede si intende un impiegato della società o un collaboratore che si trovi nella sede della società non occasionalmente e che abbia appunto un suo particolare rapporto (di lavoro o di altro tipo) con la società destinataria dell'atto tale da far ragionevolmente presumere che l'atto sia da lui consegnato al destinatario

medesimo **(cfr. Cass. sez. I n.2133/1983).**

86) E' valida la notifica effettuata da parte dell'ufficiale giudiziario nelle mani della persona incaricata di ricevere le notificazioni prima ancora di tentare la consegna nelle mani del legale rappresentante?

Assolutamente sì, in quanto, ai fini della notifica, il legale rappresentante e la persona incaricata di ricevere le notificazioni sono equiparate **(cfr. Cass. sez. I n.7113 del 25/5/2001).**

87) In quali casi l'addetto alla sede di una società può ricevere una notifica?

In caso di assenza del legale rappresentante e della persona incaricata a ricevere le notificazioni.

88) A chi spetta dimostrare che la persona che ha ricevuto la notifica non è una persona incaricata alla ricezione dell'atto?

Al destinatario della notifica e, in generale, a chiunque abbia interesse a far valere l'invalidità della notificazione.

89) Qualora la società abbia sede legale presso uno studio professionale, ad esempio presso un commercialista, a chi può essere effettuata la notifica?

Può essere notificata al legale rappresentante dello studio professionale o, in alternativa, alla persona incaricata a ricevere le notificazioni, o, in mancanza di uno dei due, alla persona addetta allo studio professionale che deve presumersi addetta anche alla sede della società destinataria dell'atto e pertanto abilitata a ricevere l'atto a norma del primo comma dell'art.145 c.p.c. **(cfr. Cass., sez I, n 3757/1985).**

90) In quali casi è possibile eseguire la notifica ai sensi dell'art. 140 c.p.c. alla persona giuridica?

L'art 145 c.p.c. esclude che si possa procedere alla notifica ai sensi dell'art. 140 c.p.c. qualora sia impossibile notificare l'atto presso la sede della società.

Occorre pertanto, in questi casi, richiedere la

notifica presso la residenza del legale rappresentante, allegando un certificato di residenza aggiornato, in quanto, ai sensi dell'ultimo comma dell'art 145 c.p.c., la notifica ai sensi dell'art.140 c.p.c. può essere effettuata solo alla persona fisica che rappresenta la società.

Vi consigliamo quindi, dopo aver verificato l'esito negativo della notifica alla sede della società, di richiedere all'ufficiale giudiziario la notifica presso la residenza del legale rappresen-tante, poiché, in caso di esito negativo della notifica ai sensi degli artt. 138 e 139 c.p.c., l'ufficiale giudiziario potrà procedere alla notifica dell'art. 140 c.p.c. o, in caso di irreperibilità accertata, alla notifica dell'art 143 c.p.c.. E' opportuno allegare sempre, all'originale dell'atto da notificare, un certificato di residenza aggiornato del legale rappresentante.

91) Quali indicazioni é opportuno inserire nell'atto da notificare alla persona giuridica al fine di garantire sempre il buon esito della notifica?

Innanzitutto l'indirizzo della sede legale della

società; in alternativa, potete richiedere la notifica anche presso la sede effettiva della società, in quanto, ai fini della notifica, le due sedi sono equivalenti.

Vi consigliamo inoltre, qualora riteniate che la notifica alla società possa essere negativa, di richiedere contemporaneamente anche la notifica presso la residenza del legale rappresentante; in questo modo recuperate del tempo e avrete la certezza che l'ufficiale giudiziario, in caso di irreperibilità momentanea del legale rappresentante o in caso di rifiuto dei familiare o del portiere dello stabile o dei vicini di ricevere l'atto, procederà alla notifica ai sensi dell'art 140 c.p.c..

Allegate quindi all'atto sempre un certificato di residenza aggiornato. E' ovvio che potrete effettuare le suddette operazioni anche in successione, aspettando quindi l'esito della notifica alla sede della società per poi richiedere la notifica alla residenza del legale rappresentante.

Se la residenza è sconosciuta, indicate la dimora e il domicilio.

Per procedere invece alla richiesta di notifica ai sensi dell'art.143 c.p.c., cfr. la risposta alla domanda n. 65.

92) In che modo è possibile individuare con certezza il legale rappresentante di una persona giuridica?

Mediante un certificato di visura camerale che potrete richiedere al registro delle imprese (anche per via telematica).

93) In quali casi è opportuno eseguire la notifica alla persona giuridica ai sensi dell'art. 140 c.p.c.?

L'ultimo comma dell'art.145 c.p.c. prevede che la notificazione ai sensi dell'art 140 c.p.c. possa essere eseguita alla persona fisica e non giuridica.

Ciononostante, alcuni ufficiali giudiziari di nota esperienza consigliano, qualora l'atto sia prossimo alla scadenza, di procedere alla notifica alla società ai sensi dell'art 140 c.p.c. in caso di esito negativo e quando nell'atto non siano indicate le generalità del legale rappresentante, la sua residenza, il domicilio e la dimora abituale.

Noi riteniamo di non doverci adeguare a questa

prassi che non risulta conforme al dettato normativo. Peraltro, la **Corte Costituzionale**, con **sentenza n. 28 del 23.01.2004** ha sancito il principio secondo cui, per il richiedente, il termine di scadenza dell'atto da notificare si interrompe con la presentazione dell'atto me-desimo all'ufficiale giudiziario, per cui l'atto non dovrebbe essere soggetto a scadenza se presen-tato nei termini all'ufficiale giudiziario.

94) In quale sede e con quali modalità va eseguita la notifica alla società non avente personalità giuridica?

Sostanzialmente le notifiche alle suddette società si eseguono presso la sede dove svolgono attività in modo continuativo ai sensi dell'art 19, comma II, c.p.c., con modalità identiche a quelle previste per le società aventi personalità giuridica.

Le notifiche al legale rappresentante ai sensi degli artt. 140 e 143 c.p.c. possono essere esperite solo qualora siano state tentate senza successo le notifiche nella sede sociale.

95) Se il destinatario é un'impresa individua-

le, è possibile procedere alla notifica ai sensi dell'art 140 c.p.c.?

Sì, in quanto l'art. 145 c.p.c. disciplina le modalità di notificazione alle sole società (imprese collettive) e pertanto la relativa disciplina non é estensibile alle imprese individuali.

E' pertanto pienamente valida ed efficace la notifica effettuata nel domicilio dell'impresa individuale, anche ai sensi dell'art. 140 c.p.c. **(cfr. Cass. Civ. sez. II 14/03/2012 n. 4085).**

96) In caso di notifica dell'intimazione di sfratto a una persona giuridica va inviata la raccomandata ai sensi dell'art 660 c.p.c. qualora la notifica non sia stata effettuata a mani del legale rappresentante o della persona incaricata al ritiro?

No, in quanto tale adempimento è previsto solo in caso di notifica non effettuata a mani proprie del destinatario, ipotesi non configurabile nel caso di notifica alla persona giuridica, in quanto l'art. 138 c.p.c. Prevede la notificazione a mani proprie solo in relazione a persone fisiche **(cfr. Cass. n. 11702 del 05/08/2002).**

97) E' possibile notificare un atto a mezzo posta alla persona giuridica?

Sì, non è previsto alcun divieto. Occorre però segnalare che l'agente postale non potrà lasciare alcun avviso di deposito dell'atto presso l'ufficio postale (né, conseguentemente, potrà inviare la cosiddetta C.A.D.) nel caso in cui dovesse trovare chiusa la sede della società oppure nel caso in cui non trovi alcuna persona disponibile a ricevere la notifica in assenza del legale rappre-sentante o della persona incaricata a ricevere gli atti.

In tal caso, pertanto, la notifica non potrà ritenersi perfezionata.

Infatti, "l'art. 145 c.p.c. non consente la notifica alla società con le modalità previste dagli art. 140 e 143 c.p.c., e quindi, con gli avvisi di deposito di cui all'art. 8 l. 20 novembre 1982 n. 890, che costituiscono modalità equivalenti alla notificazione ex art. 140 c.p.c., essendo questa riservata esclusivamente al legale rappresentante" **(cfr. Cass. Civ. sez. VI n. 18762 del 13/09/2011).**

98) In caso di notifica a mezzo posta a una persona giuridica occorre, nei casi previsti,

l'invio della C.A.N. (comunicazione di avvenuta notifica) che si invia quando la notifica non viene effettuata nelle mani del destinatario?

Possiamo dire che nessun problema si profila nel caso in cui il plico sia stato consegnato direttamente al rappresentante legale, o alla persona incaricata alla ricezione degli atti.

Diversamente, nel caso di consegna dell'atto ad altra persona o al portiere dello stabile, che non sia specificamente addetto alla ricezione degli atti, l'avviso dovrebbe essere inviato.

Tuttavia la **nota dell'Avvocatura dello Stato n. 25247 del 24 settembre 2008** ha chiarito che per le persone giuridiche, in particolare per le società di capitali, vige il principio di immedesimazione organica, in virtù del quale la consegna degli atti in mani di una delle persone previste dall'art 145 c.p.c. esaurisce le formalità dovute dalla legge; interpretazione condivisa dall'ente Poste che ha diramato direttive in cui ha precisato che la C.A.N. non deve essere emessa per le persone giuridiche.

99) Nel caso in cui il legale rappresentante o la persona incaricata a ricevere gli atti rifiuti di ricevere la copia dell'atto la notifica si ha per avvenuta?

Assolutamente sì per quanto riguarda il legale rappresentante.

Per cui un suo rifiuto non compromette la validità della notifica che si ritiene effettuata in mani proprie, analogamente a quanto previsto dall'art. 138 c.p.c.

Per quanto riguarda la persona incaricata a ricevere gli atti per analogia potremmo dedurre che, essendo equiparata al legale rappresentante ai fini della ricezione della notifica, un suo rifiuto non dovrebbe compromettere la validità della notifica.

Tuttavia, **consigliamo, in caso di rifiuto da parte della persona incaricata di ricevere gli atti, di ricercare comunque il legale rappresentante, o presso la sede della società o presso la sua residenza, dimora o domicilio.**

Tabella 9: Schema dell'art. 145 c.p.c.

Luogo di notifica	**Sede legale o sede effettiva**	**Residenza o dimora o domicilio del legale rappr.**
Persona che riceve la notifica	1) Legale rappr. o persona incaricata alla ricezione; 2) Addetto alla sede; 3) Portiere dello stabile in cui ha sede la società	In mani proprie del legale rappresentante o, in sua assenza, delle altre persone previste dall'art. 139 c.p.c.
140 c.p.c.	Non previsto	Previsto in caso di assenza del legale rappresentante e delle altre persone di cui all'art. 139 c.p.c.
143 c.p.c.	Non previsto	Previsto nei casi consentiti
Notifica a mezzo posta	Prevista. In caso di mancata notifica al legale rappresentante o a mani di persona incaricata a ricevere gli atti non è previsto il deposito presso l'ufficio postale (CAD) Non è previsto l'invio della CAN	Prevista con tutti i relativi adempimenti del caso (CAN, CAD)

Luogo di notifica	**Sede legale o sede effettiva**	**Residenza o - dimora o domicilio del legale rappr.**
Invio avviso ex art. 139 c.p.c. in caso di notifica al custode o al vicino	Non previsto se il custode dello stabile sia stato incaricato espressamente al ritiro degli atti.	Previsto solo se il portiere dello stabile che riceve la notifica non sia stato espressamente incaricato al ritiro degli atti per conto del destinatario
Invio avviso 660 c.p.c.	Non previsto (Cass. n. 11702 del 05/08/2002)	Previsto

Notificazione a militari in attività di servizio (art. 146 c.p.c.)

Se il destinatario è militare in attività di servizio e la notificazione non è eseguita in mani proprie, osservate le disposizioni di cui agli artt. 139 ss. si consegna una copia al pubblico ministero, che ne cura l'invio al comandante del corpo al quale il militare appartiene.

Nota da consegnarsi al pubblico ministero (art. 49 disp. att. c.p.c.)

Ved. la sezione relativa all' art. 142 c.p.c.

Domande e Risposte

100) Cosa si intende per militare in attività?

Si intende sia un militare in carriera che un richiamato alle armi.

Prima dell'abolizione del servizio di leva obbligatorio, l'art 146 c.p.c. si applicava anche ai militari di leva.

101) In quale luogo si esegue la notifica a un militare e secondo quali modalità?

La notifica a un militare si esegue presso la residenza, la dimora o il domicilio a mani proprie.

102) La notifica a un militare in servizio può essere effettuata direttamente presso il corpo militare di appartenenza?

No. La notifica deve essere effettuata presso la residenza, la dimora o il domicilio del militare e in mani proprie.

103) Quali sono gli ulteriori adempimenti nel caso in cui non si riesca a notificare un atto a un militare in "mani proprie"?

Si procede, ai sensi dell'art. 139 c.p.c., mediante consegna della copia dell'atto a un familiare convivente, ovvero, nel caso in cui non sia presente alcun familiare convivente, al portiere dello stabile, ovvero al vicino che accetti di ricevere la copia nel caso in cui il portiere sia assente.

Dopodiché, l'ufficiale giudiziario consegna una copia dell'atto al pubblico ministero che ne cura l'invio al comandante del corpo a cui il militare appartiene.

Al pubblico ministero va inoltre consegnata la nota di cui all'art 49 disp. att. c.p.c. in cui è indicato:

1: il nome e la qualità del richiedente la notifica;

2: il nome, la residenza o la dimora del destinatario;

3: la natura dell'atto notificato;

4: il giudice che ha pronunciato il provvedimento notificato o davanti al quale si deve comparire;

5: la data e la firma dell'ufficiale giudiziario.

104) Il Pubblico Ministero a chi trasmetterà la nota di cui all'art. 49 disp. att. c.p.c.?

La nota e la copia dell'atto verranno trasmessi al comando militare posto nella circoscrizione del Tribunale, il quale provvede d'urgenza alla consegna.

105) E' prevista la notifica a un militare in attività di servizio ai sensi dell'art 140 c.p.c.?

Si, nel rispetto dei requisiti previsti per la notifica ai sensi del suindicato articolo e provvedendo successivamente all'invio della copia dell'atto e della nota al Pubblico Ministero, così come previsto dagli artt. 146 c.p.c. e 49 disp. att. c.p.c.

106) La consegna della copia dell'atto al Pubblico Ministero, in caso di mancata notifica in mani proprie del militare, è un adempimento necessario ai fini della validità della notifica?

Assolutamente sì. L'omissione della consegna della nota al P.M. comporta la nullità della notifica **(cfr. Cass. sez. III n.372 del 11/01/2007).**

107) E' possibile notificare un atto a un militare in attività a mezzo del servizio postale?

Sì, in quanto l'art. 146 c.p.c. prevede che la notifica, se non è eseguita a mani proprie, possa essere eseguita ai sensi dell'art 139 e ss. c.p.c. e la notifica a mezzo del servizio postale è prevista dall'art 149. c.p.c.

Appare ovvio che, non essendo eseguita a mani

proprie, la notifica al militare in servizio eseguita a mezzo del servizio postale richieda le ulteriori formalità previste dall'art 49 disp. att. c.p.c., ossia, la consegna di una copia dell'atto e della nota al Pubblico Ministero per il successivo inoltro al Comando militare posto nella circoscrizione del Tribunale competente **(cfr. Cass. sez. II n. 1202 del 16/03/ 2012).**

Tabella 10: Schema dell'art. 146 c.p.c.

Notifica	Luogo	Adempimenti
A mani proprie	Residenza, dimora o domicilio ai sensi dell'art. 138 c.p.c.	Nessuno
Ai sensi degli artt. 139 e ss. c.p.c.	Se non é possibile eseguire la notifica in mani proprie, nei luoghi e secondo le modalità indicate negli artt. 139 e ss. c.p.c.	Invio di una copia dell'atto e della nota di cui all'art 49 disp. att. c.p.c. al P.M. che provvederà a trasmetterle al Comando militare posto nella circoscrizione del Tribunale, il quale provvede d'urgenza alla consegna al destinatario
A mezzo posta	È prevista la notifica alla residenza a mezzo posta	Invio di una copia dell'atto e della nota, di cui all'art 49 disp. att. c.p.c. al P.M. che provvederà a trasmetterle al Comando militare posto nella circoscrizione del Tribunale, il quale provvede d'urgenza alla consegna al destinatario

Tempo delle notificazioni (art. 147 c.p.c.)

Le notificazioni non possono farsi prima delle ore 7 e dopo le ore 21.

Domande e Risposte

108) Le notificazioni possono eseguirsi nei giorni festivi?

Assolutamente sì. L'art. 147 c.p.c. non indica i giorni ma solo l'orario in cui è possibile eseguire le notifiche.

109) Il destinatario può rifiutare di ricevere l'atto se l'ufficiale giudiziario intende effettuare la notificazione prima delle 7 o dopo le 21?

Sì. Il destinatario della notifica è legittimato a rifiutare l'atto. E l'ufficiale giudiziario dovrà effettuare un nuovo accesso negli orari previsti, non applicandosi, in questo caso, quanto previsto dall'art. 138, comma II, c.p.c., che considera effettuata "a mani proprie" la notificazione dell'atto rifiutato dal destinatario.

E' opportuno, in caso di rifiuto, che il destinatario chieda all'ufficiale giudiziario di indicare nella relata di notifica il motivo del rifiuto e l'ora dell'accesso.

110) In caso di assenza del destinatario, una persona di famiglia o un altro consegnatario previsto dall'art. 139 c.p.c. può rifiutare di ricevere l'atto da notificare se l'ufficiale giudiziario si presenti fuori dagli orari previsti dall'art 147 c.p.c.?

Sì. Anche i consegnatari previsti dall'art. 139 c.p.c. (familiari, portiere, vicino) possono rifiutarsi di ricevere la copia dell'atto fuori dagli orari legali. L'ufficiale giudiziario dovrà effettuare un nuovo accesso, non essendo prevista in questo caso la notifica ai sensi dell'art. 140 c.p.c.

111) Se il destinatario accetta volontariamente di ricevere la notificazione di un atto fuori dagli orari previsti, può riservarsi di eccepirne la nullità successivamente?

No, in quanto la notificazione effettuata fuori

dagli orari previsti è affetta da irregolarità formale che viene sanata con il ricevimento dell'atto.

112) L'ufficiale giudiziario deve indicare nella relata l'ora in cui effettua la notificazione?

Sì, se richiesta dal destinatario o dal consegnatario che riceve l'atto (o da altra parte interessata; ad esempio, il richiedente la notifica).

113) In quali casi è opportuno che l'ufficiale giudiziario, pur non essendone richiesto, indichi nella relata l'ora in cui effettua la notificazione di un atto?

Nel caso della notificazione di un pignoramento presso terzi, al fine di evitare che il terzo possa restituire al debitore, nelle ore successive al ricevimento dell'atto, il bene o il danaro oggetto del pignoramento.

Tabella 11: Schema dell'art. 147 c.p.c.

Orario previsto per le notifiche	Dalle 07.00 alle 21.00
Sono previste limitazioni nei giorni festivi?	No
E'possibile rifiutare la notifica di un atto qualora avvenga fuori dagli orari previsti?	Si. E non vale come accettazione dell'atto. E' opportuno quindi che il motivo del rifiuto, nonché l'ora dell'accesso siano indicati nella relata di notifica

Relazione di notificazione (art. 148 c.p.c.)

L'ufficiale giudiziario certifica l'eseguita notificazione mediante relazione da lui datata e sottoscritta, apposta in calce all'originale e alla copia dell'atto. La relazione indica la persona alla quale è consegnata la copia e le sue qualita', nonché il luogo della consegna, oppure le ricerche, anche anagrafiche, fatte dall'ufficiale giudiziario, i motivi della mancata consegna e le notizie raccolte sulla reperibilità del destinatario.

Ora della notificazione (Art. 47 disp. att. c.p.c.)

Nella relazione di notificazione di cui all'articolo 148 del codice, se la parte interessata lo chiede, deve essere inserita l'indicazione dell'ora nella quale la notificazione è stata eseguita.

Domande e Risposte

114) Chi predispone la relata di notificazione?

La relata di notifica è un atto dell'ufficiale giudiziario; tuttavia la prassi prevede che sia l'avvocato a predisporre la prima parte della relata, indicando l'intestazione dell'Ufficio NEP competente, l'indicazione della parte richiedente nonché le generalità e l'indirizzo del destinatario dell'atto.

L'ufficiale giudiziario, pertanto, provvederà a completare la relata di notifica con il nominativo di colui che riceve l'atto, la data e il luogo in cui effettua la notifica, nonché le indicazioni di tutte le attività compiute in sede di notifica: eventuale deposito nella casa comunale, ricerche effettuate al fine di conoscere l'eventuale nuovo indirizzo del destinatario, etc.

Infine (indispensabile al fine della validità della notifica), l'ufficiale giudiziario dovrà apporre la propria firma.

115) Dove va apposta la relata di notifica?

Va inserita nell'ultima pagina, ossia in calce all'atto ed è redatta sia sulla copia che sarà consegnata al destinatario che sull'originale (che sarà, di regola, restituito alla parte richiedente la notifica).

116) Quali sono i requisiti della relata di notifica?

Nella relata di notifica occorre indicare:
-l'intestazione dell' UNEP competente;
-la parte istante o il suo procuratore;
-il destinatario dell'atto e l'indirizzo ove effettuare la notifica;
-il luogo in cui avviene la consegna dell'atto;
-la data in cui avviene la consegna;
-la persona che riceve l'atto;
-la relazione che intercorre tra il consegnatario dell'atto e il destinatario della notifica (in caso di assenza di quest'ultimo);
-la capacità e la convivenza anche temporanea del consegnatario con il destinatario dell'atto;
-l'indicazione, in caso di consegna a persona diversa dal destinatario, che la copia dell'atto è

stata consegnata in plico chiuso e che sia stato trascritto il numero di cronologico sul plico, nonché il nominativo del destinatario;
- eventuali dichiarazioni ricevute dal destinatario o dal consegnatario;
-i motivi della mancata consegna e le ricerche effettuate al fine di conoscere il nuovo indirizzo del destinatario;
-eventualmente, il rispetto della procedura prevista dall'art. 139 c.p.c. circa la successione delle persone alle quali poter consegnare copia dell'atto;
-le eventuali ricerche anagrafiche effettuate;
-le eventuali approvazioni di cancellature;
-la firma dell'ufficiale giudiziario.

117) Quali sono gli elementi essenziali della relata di notifica senza i quali la notifica è inesistente?

Ai fini dell'esistenza della notificazione sono elementi essenziali:
-la data;
-il nominativo del consegnatario;
-la firma dell'ufficiale giudiziario.

La mancanza di uno di questi tre elementi determina la inesistenza (e, quindi, la insanabilità) della notifica **(cfr. Cass. Civ. sez. II 22/06/2006, n. 14436).**

118) In che modo la parte interessata potrà far valere la nullità della notifica in caso di mancanza di un elemento essenziale nella relata di notifica?

Producendo l'atto in giudizio **(cfr. Cass. sez. II n. 4358 del 26/03/2001).**

119) Occorre indicare l'ora nella relata di notifica?

Solo se richiesto dalle parti, come previsto dall'art. 47 delle norme di attuazione del c.p.c.

120) Nel caso di discordanza tra la relata di notifica redatta sulla copia e quella redatta sull'originale quale dei due contenuti prevale?

La regola generale prevede che prevalga il contenuto della relata redatta sulla copia **(cfr. Cass.**

sez. II n.4358 del 26/03/2001).

121) Nel caso in cui vi sia discordanza tra la data apposta nella relata di notifica sull'originale dell'atto e quella apposta nella relata sulla copia dell'atto la notifica è nulla?

Si. E la nullità è insanabile qualora sulla copia non sia apposta la data di notifica, o appare illeggibile, e dalla notificazione dell'atto decorra un termine perentorio entro il quale il destinatario deve esercitare determinati diritti.

Tale mancanza determina appunto una nullità insanabile della notifica in quanto ostacola l'esercizio dei diritti stessi.

Viceversa, se l'atto notificato è un impugnazione, non si determina alcuna nullità in quanto il notificante ha il solo onere di fornire la prova della tempestiva notificazione dell'impugnazione stessa, esibendo l'originale corredato della relata di notifica redatta dall'ufficiale giudiziario **(cfr. Cass. sez. III n. 1210 del 19/01/2007; Cass. n. 5636/1986).**

122) Le difformità tra la relata redatta sull'originale e quello redatta sulla copia da notificare possono essere sanate con la rinnovazione della notifica a norma dell'art. 156 c.p.c.?

Possono essere sanate se non dipendono da mancanza o incertezza sulla data della notificazione **(cfr. Cass. n.885/1995).**

123) E' nulla la notificazione qualora nella relata redatta sulla copia manchi la firma dell'ufficiale giudiziario?

No, se l'ufficiale giudiziario ha sottoscritto la relata redatta sull'originale dell'atto **(cfr. Cass. sez. Lavoro n. 3638/1983)**

124) Quali sono gli elementi indispensabili in una relata di notifica di un atto notificato a mezzo del servizio postale?

La relata di un atto notificato a mezzo del servizio postale deve contenere la dicitura: *"atto notificato a mezzo del servizio postale"*, la data di spedizione e l'indicazione dell'ufficio postale dal quale l'atto viene spedito, nonché il numero della racco mandata contenente il plico e la ricevuta di ritorno allegata. Quest'ultima è parte integrante della relata di notifica essendo l'unico documento idoneo a dimostrare l'avvenuta consegna al destinatario del plico contenente la copia dell'atto da notificare, per cui la sua mancanza deter-mina la nullità della notifica **(cfr. Cass. sez. I n. 24852 del 22/11/2006).**

125) In che modo si può contestare il contenuto di una relata di notifica?

La relata di notifica costituisce un atto pubblico e il suo contenuto fa piena prova fino a querela di falso. Occorre però distinguere tra le attestazioni che riguardano l'attività dell'ufficiale giudiziario procedente o la constatazione di fatti avvenuti in sua presenza, (**ad esempio, dichiarare di aver effettuato la notifica a Tizio anziché a Caio, oppure di non aver rinvenuto il destinatario, etc.) dalle dichiarazioni ricevute da altri, ad esempio dal consegnatario che dichiari di essere convivente del destinatario.** In quest'ultimo caso, la Cassazione ha stabilito che trattasi di attestazioni assistite da presunzione di vericidità e possono essere superate solo con la prova contraria **(cfr. Cass. sez. III n. 4590 del 11/04/2000).**

126) Nel predisporre la relata quali sono gli elementi che la parte istante deve necessariamente indicare al fine del buon esito della notificazione?

Innanzitutto, la parte istante deve indicare, sulla prima facciata dell'atto, la dicitura "*si notifichi a mani*", se desidera che l'atto non sia spedito a mezzo del servizio postale.

Nella prima parte della relata deve indicare il nominativo del richiedente, il nominativo del destinatario e l'indirizzo presso cui effettuare la notifica, tenendo presente che si procede prima notificando presso la casa del debitore (che in genere coincide con il luogo di residenza) e poi, se la residenza è sconosciuta, presso l'eventuale dimora o domicilio o luogo di lavoro (se quest'ultimo ha sede nel comune di residenza).

127) Qual è la conseguenza dell'omessa indicazione del luogo di notifica nella relata?

Se manca qualsiasi elemento, non soltanto nella relata ma anche nell'atto, idoneo a individuare il luogo della notificazione, la notifica è nulla.

Viceversa, l'omessa indicazione del luogo nella relata, ove emendabile con riferimento alle risultanze dell'atto, non comporta nullità della notificazione, ma mera irregolarità formale, non essendo la nullità prevista dall'art. 160 c.p.c. Infatti, la relazione di notificazione si riferisce, di norma, all'atto notificato, così come strutturato. Pertanto, in assenza di indicazioni difformi, deve presumersi che la notificazione sia stata effettuata nel luogo in esso indicato **(cfr. Cass. sez.. I n. 3263 del 09/04/1996).**

Notificazione a mezzo del servizio postale (art. 149 c.p.c.)

Se non è fatto espresso divieto dalla legge, la notificazione può eseguirsi anche a mezzo del servizio postale.

In tal caso l'ufficiale giudiziario scrive la relazione di notificazione sull'originale e sulla copia dell'atto, facendovi menzione dell'Ufficio postale per mezzo del quale spedisce la copia al destinatario in piego raccomandato con avviso di ricevimento.

Quest'ultimo é allegato all'originale.

La notifica si perfeziona, per il soggetto notificante, al momento della consegna del plico all'ufficiale giudiziario e, per il destinatario, dal momento in cui lo stesso ha la legale conoscenza dell'atto.

Domande e Risposte

128) Quali sono i riferimenti legislativi che regolano la notifica a mezzo del servizio postale?

La **legge 20/11/1982, n. 890** (Notificazioni di atti a mezzo posta e di comunicazioni a mezzo posta connesse con la notificazione di atti giudiziari) con le successive modifiche; l'**art 149 c.p.c.** e l'**art.107 del D.P.R. 15/12/1959, n. 1229** (Ordinamento dell'ufficiale giudiziario).

129) In quali casi l'ufficiale giudiziario deve notificare un atto giudiziario a mezzo del servizio postale?

In tutti i casi in cui l'atto deve essere notificato in un comune diverso dal comune in cui ha sede l'ufficio dell'ufficiale giudiziario competente e la parte istante non abbia richiesto la notifica a mani, apponendo la dicitura *"si notifichi a mani"* sulla prima facciata dell'atto.

La dicitura *"si notifichi a mani"* non va apposta qualora l'atto sia diretto in un comune al di fuori del circondario di competenza dell'ufficiale giudiziario, poiché in questo caso l'atto, se di competenza del giudice a cui l'ufficiale giudiziario é addetto, può essere notificato esclusivamente a mezzo del servizio postale.

Nel caso in cui l'atto giudiziario sia di competenza di un giudice diverso, per la notifica a mezzo del servizio postale occorrerà rivolgersi all'ufficiale giudiziario addetto all'ufficio NEP presso il giudice competente.

Nel caso in cui l'atto da notificare sia un atto stragiudiziale (precetto, diffida, ecc), competenti per la notifica a mezzo del servizio postale sono tutti gli ufficiali giudiziari d'Italia.

130) Qual è la competenza dell'ufficiale giudiziario in merito alla notifica di un atto giudiziario a mezzo del servizio postale?

L'ufficiale giudiziario è competente per la notifica, a mezzo del servizio postale, di tutti gli atti emessi o di competenza del Tribunale presso cui presta servizio.

Se non richiesti a mani, gli atti da notificare fuori dal comune in cui ha sede l'ufficiale giudiziario devono essere notificati a mezzo del servizio postale. Pertanto, l'atto emesso o di competenza di un Tribunale diverso, deve essere consegnato all'ufficiale giudiziario competente per quel territorio che provvederà:

- **"a mani"** per gli atti da notificare nel comune in cui ha sede l'Ufficio NEP (oppure, se richiesto);
- **esclusivamente a mezzo del servizio postale (se non richiesto a mani)** per gli atti da notificare in un comune diverso da quello in cui ha sede l'Ufficio NEP.

Ad esempio: se una sentenza emessa dal Tribunale di Milano (o una citazione a comparire davanti al Tribunale di Milano) deve essere notificata a Torino, ci si potrà rivolgere, per la notifica:

-all'UNEP presso la Corte d'Appello di Milano (che potrà provvedere alla relativa notificazione esclusivamente a mezzo del servizio postale), oppure:

-all'UNEP presso la Corte d'Appello di Torino (che potrà provvedere alla relativa notificazione a mani, se richiesta, oppure a mezzo del servizio postale).

131) Qual è la competenza dell'ufficiale giudiziario in merito alla notifica di un atto stragiudiziale a mezzo del servizio postale?

Gli atti stragiudiziali (ad esempio il precetto, la diffida, ecc) possono essere notificati, a mezzo del servizio postale, da tutti gli ufficiali giudiziari, senza tener conto della loro competenza territoriale. Quindi possono essere notificati da tutti gli ufficiali giudiziari d'Italia.

Viceversa, in caso di richiesta di notifica "a mani" occorre rivolgersi all'ufficiale giudiziario competente per territorio che si individua in base al comune in cui l'atto deve essere notificato.

132) Che cos'è, e in quali casi deve essere inviata, la CAD (Comunicazione di Avvenuto Deposito)?

La CAD è una raccomandata, con ricevuta di ritorno, inviata dall'agente postale in seguito al mancato recapito del plico contenente l'atto giudiziario o stragiudiziale la cui notifica è stata effettuata a mezzo del servizio postale e il cui tentativo di consegna sia risultato vano per l'assenza del destinatario e delle altre persone idonee al ritiro; pertanto il plico è stato depositato presso l'ufficio postale ove l'interessato potrà ritirarlo.

Nella suddetta raccomandata l'agente postale comunica al destinatario la data in cui è stata tentata la consegna del plico contenente l'atto giudiziario.

Il plico contenente l'atto giudiziario o stragiudiziale viene restituito al mittente decorsi sei mesi dalla comunicazione, durante i quali il destinatario può effettuare comunque il ritiro presso l'ufficio postale. La ricevuta di ritorno della raccomandata contenente l'atto giudiziario, invece, sarà restituita al mittente decorsi 10 giorni dalla spedizione della CAD che coincide con il giorno di deposito del plico nell'ufficio postale.

La notifica si ha per avvenuta decorsi i suddetti 10 giorni e si perfeziona per "compiuta giacenza".

L'agente postale deve indicare, sulla ricevuta di ritorno, la data di invio della CAD e, in caso di mancato ritiro:

-la data in cui l'avviso di ricevimento viene restituito al mittente poiché non ritirato nei dieci giorni previsti;

-la dicitura *"plico non ritirato nei dieci giorni previsti per la giacenza"*.

Se il destinatario si presenta a ritirare il plico durante il periodo di giacenza, l'agente postale indicherà sulla ricevuta di ritorno la data del ritiro. In questo caso, la notifica si avrà per avvenuta nel giorno del ritiro presso l'ufficio postale.

133) Che cos'è, e in quali casi deve essere inviata, la CAN (Comunicazione di Avvenuta Notifica)?

La CAN è una raccomandata, senza ricevuta di ritorno, inviata dall'agente postale qualora consegni un plico contenente un atto giudiziario o stragiudiziale notificato a mezzo del servizio postale ad una persona diversa dal destinatario.

Ad esempio, il plico raccomandato contenente l'atto giudiziario è stato ritirato dal custode, dal vicino o da un familiare del destinatario.

134) L'invio della CAD e della CAN è previsto nel caso in cui si invia l'avviso di deposito dell'atto nella casa comunale ai sen-si dell'art

140 c.p.c.?

Assolutamente no. Al fine di evitare l'invio della CAN o della CAD l'ufficiale giudiziario deve indicare sul plico inviato e sul retro della ricevuta di ritorno che *trattasi di invio di avviso ai sensi dell'art 140 c.p.c. (oppure 157 c.p.p. o 139 c.p.c. oppure 660 c.p.c.), pertanto non soggetto a invio di ulteriore avviso* (eventualmente è possibile usare la formula breve *"avviso"*).

135) La notifica dell'atto ai sensi dell'art. 140 c.p.c. può essere effettuata a mezzo del servizio postale?

Assolutamente no. La notifica dell'atto ai sensi dell'art 140 c.p.c. è strettamente connesso alla notifica "a mani" in quanto è l'ufficiale giudiziario che, recatosi sul luogo di notifica, verifica se vi siano i presupposti per procedere alla notifica ai sensi dell'art 140 c.p.c.

136) Cosa deve predisporre la parte istante quando richiede una notifica a mezzo del servizio postale?

E' opportuno che verifichi quale sia la prassi in vigore presso l'UNEP che dovrà notificare l'atto.

In genere **è consigliabile acquistare delle classiche buste verdi per la notifica degli atti giudiziari, da affrancare in base al numero delle pagine di cui è composto l'atto da spedire, giacché l'importo varia a seconda del peso del plico contenente l'atto giudiziario Consigliamo altresì di compilare la busta con l'indirizzo completo, nonché la ricevuta di ritorno e, in particolare, la parte relativa all'indirizzo dell'avvocato richiedente al quale deve essere restituita la ricevuta di ritorno (ad eccezione dei casi in cui l' avviso di ricevimento deve obbligatoriamente tornare all'ufficiale giudiziario: ad esempio, nel caso di pignoramento immobiliare).** Da sottolineare che la ricevuta di ritorno è l'unico documento che attesta l'avvenuta notifica.

137) Quando si ha per effettuata la notifica a mezzo del servizio postale?

Mentre per il richiedente la notifica a mezzo del servizio postale si perfeziona al momento della relativa richiesta e, quindi, con la consegna dell'atto da notificare all'ufficiale giudiziario, per il destinatario dell'atto la notifica a mezzo del servizio postale si ha per effettuata alla data di ricezione del plico che risulta sulla ricevuta di ritorno.

Qualora il plico venga depositato nell'ufficio postale in attesa del ritiro da parte del destinatario assente, la notifica si ha per avvenuta decorsi dieci giorni dal deposito che decorrono dal giorno dell'invio della CAD.

In caso di mancata indicazione della data sulla ricevuta di ritorno, farà fede la data impressa sul timbro tondo apposto dall'ufficio postale sul retro della ricevuta di ritorno in corrispondenza della colonna relativa a:"RITIRO IN UFFICIO DEL PLICO NON RECAPITATO".

Si consiglia di trascrivere sul retro della busta verde il nominativo e l'indirizzo dell'avvocato richiedente la notifica, in modo da essere certi che, in caso di mancato ritiro nei sei mesi previsti, il plico sia restituito allo studio dell'avvocato richiedente e non all'UNEP che ha curato l'invio del plico.

In alcuni casi, in particolare per i pignoramenti

immobiliari e per i pignoramenti presso terzi, l'avviso di ricevimento deve tuttavia essere restituito all'ufficiale giudiziario che ha notificato l'atto, al fine di consentirgli il deposito dell'atto medesimo presso la Cancelleria competente (e, per i pignoramenti immobiliari, anche il rilascio di copia per uso trascrizione).

138) La notifica ai sensi dell'art. 143 c.p.c. può essere effettuata a mezzo del servizio postale?

Assolutamente no, in quanto la notifica ai sensi dell'art. 143 c.p.c. si effettua mediante deposito del plico presso la Casa comunale dell'ultimo luogo di residenza conosciuta, previo accesso dell'ufficiale giudiziario all'ultimo indirizzo noto per accertare l'effettiva irreperibilità del destinatario dell'atto.

139) Cosa deve necessariamente contenere la relata di notifica di un atto notificato a mezzo del servizio postale?

Innanzitutto, gli elementi comuni a tutte le

relate di notifica, ossia:
- l'indicazione della parte istante; l'indicazione dell'ufficio UNEP che provvede alla notifica; l'indicazione del nominativo e dell' indirizzo del destinatario dell'atto e , infine, la sottoscrizione dell'ufficiale giudiziario.

Inoltre: la dicitura *"atto spedito a mezzo del servizio postale"*; l'indicazione dell'ufficio postale di spedizione; nonchè la data di spedizione ed il numero della raccomandata.

Si consiglia di verificare sempre, nel momento in cui si ritira presso l'UNEP l'originale dell'atto notificato, che nella relata di notifica sia stato indicato il numero di raccomandata che risulterà utile al fine di richiedere la ricevuta di ritorno eventualmente non restituita nei termini per l'udienza o per il prosieguo delle altre procedure previste.

140) Quali atti giudiziari possono essere spediti da qualsiasi UNEP d'Italia a mezzo del servizio postale, senza tener conto della competenza territoriale?

Gli atti stragiudiziali, ossia il precetto, la diffida

etc.

Tabella 12: Schema della notificazione a mezzo del servizio postale

Competenza	**<u>Atto giudiziario</u>** Tizio deve notificare un decreto ingiuntivo emesso dal Tribunale di Milano a Caio che risiede in Laveno Mombello, comune che si trova nel territorio di competenza del Tribunale di Varese. **<u>Competenza notifica a mezzo posta</u>**: - UNEP Corte d'Appello di Milano; -UNEP Tribunale di Varese. **<u>Competenza notifica a mani:</u>** -solo UNEP Tribunale di Varese.
Emissione CAD: casi e modalità	Mancata consegna per assenza del destinatario e per assenza o rifiuto delle altre persone idonee alla ricezione del plico
Emissione CAN: casi e modalità	Consegna del plico a persona diversa dal destinatario
Perfezionamento della notifica	Alla data di ricezione del plico in caso di consegna al destinatario o al consegnatario. Dieci giorni dal deposito e della spedizione dell'avviso in caso di emissione CAD

Notificazione a mezzo posta elettronica (art. 149 bis c.p.c.)

Se non è fatto espresso divieto dalla legge, la notificazione puo' eseguirsi a mezzo Posta Elettronica Certificata (PEC), anche previa estrazione di copia informatica del documento cartaceo.

Se procede ai sensi del primo comma, l'ufficiale giudiziario trasmette copia informatica dell'atto sottoscritta con firma digitale all'indirizzo di Posta Elettronica Certificata del destinatario risultante da pubblici elenchi. La notifica si intende perfezionata nel momento in cui il gestore rende disponibile il documento informatico nella casella di Posta Elettronica Certificata del destinatario.

L'ufficiale giudiziario redige la relazione di cui all'articolo 148, primo comma, su documento informatico separato, sottoscritto con firma digitale e congiunto all'atto cui si riferisce mediante strumenti informatici, individuati con apposito decreto del Ministero della giustizia. La relazione contiene le informazioni di cui all'articolo 148, secondo comma, sostituito il luogo della consegna con l'indirizzo di posta elettronica presso il quale l'atto è stato inviato.

Al documento informatico originale o alla copia informatica del documento cartaceo sono allegate, con le modalita' previste dal quarto comma, le ricevute di invio e di consegna previste dalla normativa, anche regolamentare, concernente la trasmissione e la ricezione dei documenti informatici trasmessi in via telematica.

Eseguita la notificazione, l'ufficiale giudiziario restituisce all'istante o al richiedente, anche per via telematica, l'atto notificato, unitamente alla relazione di notificazione e agli allegati previsti dal quinto comma.

Domande e Risposte

141) Con quali modalità un avvocato può inoltrare all'UNEP competente la richiesta di notifica telematica?

La richiesta di notifica telematica da parte dell'avvocato viene inoltrata all'UNEP tramite Posta Elettronica Certificata **(cfr. Art. 17 D.M. 21/02/2011 n. 44).**

142) Con quali modalità viene effettuata la notifica a mezzo posta elettronica certificata?

Trasmettendo un messaggio di posta elettronica all'indirizzo di posta elettronica certificata del destinatario risultante da pubblici elenchi.

143) Quando si intende perfezionata la notificazione a mezzo posta elettronica certificata?

Nel momento in cui il gestore rende disponibile il documento informatico nella casella di posta elettronica certificata del destinatario.

144) Cosa deve indicare l'ufficiale giudiziario nella relata di notifica a mezzo posta elettronica certificata in sostituzione del luogo di consegna?

L'indirizzo di posta elettronica presso il quale l'atto é stato inviato.

Notificazione per pubblici proclami (art. 150 c.p.c.)

Quando la notificazione nei modi ordinari è sommamente difficile per il rilevante numero dei destinatari o per la difficoltà di identificarli tutti, il capo dell'ufficio giudiziario davanti al quale si procede può autorizzare, su istanza della parte interessata e sentito il pubblico ministero, la notificazione per pubblici proclami.

L'autorizzazione è data con decreto stesso in calce all'atto da notificarsi; in esso sono designati, quando occorre, i destinatari ai quali la notificazione deve farsi nelle forme ordinarie e sono indicati i modi che appaiono più opportuni per portare l'atto a conoscenza degli altri interessati.

In ogni caso, copia dell'atto è depositata nella casa comunale del luogo in cui ha sede l'ufficio giudiziario davanti al quale si promuove o si svolge il processo, e un estratto di esso è inserito nella Gazzetta Ufficiale della Repubblica e nel Foglio degli annunzi legali delle province dove risiedono i destinatari o si presume che risieda la maggior parte di essi.

La notificazione si ha per avvenuta quando, eseguito ciò che è prescritto nel presente articolo, l'ufficiale giudiziario deposita una copia dell'atto, con la relazione e i documenti giustificativi dell'attività svolta, nella cancelleria del giudice davanti al quale si procede.

Questa forma di notificazione non è ammessa nei procedimenti davanti al Giudice di Pace.

Istanza di autorizzazione alla notificazione per pubblici proclami (art. 50 disp. att. c.p.c.)

L'istanza di autorizzazione a procedere alla notificazione per pubblici proclami a norma dell'art. 150 del codice é fatta con ricorso steso in calce all' atto.

Il pubblico ministero stende il suo parere di seguito al ricorso.

Destinazione della copia dell'atto notificato depositata in cancelleria (art. 51 disp. att. c.p.c.

La copia che l'ufficiale giudiziario deposita in cancelleria a norma dell' art. 150 quarto comma del codice é custodita dal cancelliere per essere inserita nel fascicolo d' ufficio.

Nella copia depositata e in quella da consegnare alla parte che ha chiesto la notificazione, l'ufficiale giudiziario deve certificare la data dell'avvenuto deposito in cancelleria.

Domande e Risposte

145) Come può essere effettuata la notifica di un atto giudiziario nei confronti di un numero rilevante di destinatari?

Quando la notificazione nei modi ordinari deve raggiungere un numero rilevante di destinatari (o si ha difficoltà a identificarli tutti), il capo dell'ufficio giudiziario davanti al quale si procede può autorizzare, su istanza della parte interessata e sentito il P.M., la notificazione per pubblici proclami, che si esegue mediante:

- deposito di una copia dell'atto nella casa comunale del luogo in cui ha sede l'ufficio giudiziario davanti al quale si procede;
- inserimento di un estratto dell'atto nella Gazzetta Ufficiale della Repubblica;
- altre forme di pubblicità eventualmente disposte dal giudice (**ad esempio, pubblicazione sul sito internet del Tribunale o inserimento di un estratto in un giornale locale);**
- successivo deposito di una copia dell'atto (con la relazione e i documenti giustificativi dell'attività svolta), da parte dell'ufficiale giudiziario, nella cancelleria del giudice davanti al quale si procede.

Va precisato che, dovendo la procedura notificatoria di cui all'art. 150 c.p.c. necessariamente concludersi e perfezionarsi con il deposito in cancelleria di una copia dell'atto (relazionata) e dei documenti giustificativi dell'attività svolta:
- i documenti giustificativi devono essere depositati in originale (**ad esempio, una copia del quotidiano locale e non una fotocopia)** o copia conforme o certificazione (**ad esempio, attestazione della cancelleria dell'avvenuta pubblicazione sul sito internet del Tribunale);**

- è opportuno effettuare preliminarmente tutte le pubblicazioni richieste e, successivamente, richiedere all'ufficiale giudiziario, depositando presso lo stesso la documentazione occorrente, il deposito presso la casa comunale e il completamento delle formalità presso la cancelleria.

In tal modo, l'ufficiale giudiziario potrà provvedere al deposito in cancelleria immediatamente dopo il deposito alla casa comunale, essendo già munito della documentazione occorrente.

146) Come va effettuata la richiesta di autorizzazione alla notificazione per pubblici proclami?

L'istanza di autorizzazione a procedere a tale forma di notificazione é fatta al capo dell' ufficio giudiziario davanti al quale si procede con ricorso steso in calce all' atto. Il P.M. stende il suo parere di seguito al ricorso. L'autorizzazione é data con decreto steso in calce all'atto da notificare; in esso sono designati, quando occorre, i destinatari ai quali la notificazione deve farsi nelle forme ordinarie e sono indicati i modi che appaiono più efficaci per portare l'atto a conoscenza degli altri interessati.

147) Chi deve provvedere all'inserzione degli estratti nella Gazzetta Ufficiale o nei giornali locali?

L'inserzione nella Gazzetta Ufficiale o nei giornali locali non é posta espressamente a carico dell' ufficiale giudiziario.

Nessuna nullità può pertanto derivare dal fatto che tali inserzioni siano state effettuate a cura della parte **(cfr. Cass. sez. I n. 2922 del 30/10/1963).**

Forme di notificazione ordinate dal giudice (art. 151 c.p.c.)

Il giudice può prescrivere, anche d'ufficio, con decreto steso in calce all'atto, che la notificazione sia eseguita in modo diverso da quello stabilito dalla legge, e anche per mezzo di telegramma collazionato con avviso di ricevimento quando lo consigliano circostanze particolari o esigenze di maggiore celerità, di riservatezza o di tutela della dignità.

Domande e Risposte

148) In quali casi il giudice può prescrivere che la notificazione venga eseguita in modo diverso da quello stabilito dalla legge?

Quando lo consigliano circostanze particolari, esigenze di maggiore celerità, esigenze di riservatezza o esigenze di tutela della dignità.

Ad esempio, se la notifica del decreto ingiuntivo deve essere effettuata in Brasile e la relativa procedura di notificazione è incompatibile con la durata del termine stabilito

dall'art. 641 c.p.c. (avendo l'ufficio affari esteri di Roma riferito, in seguito ad informazioni richieste dalla parte istante, che la notifica per il Brasile comporta l'invio dell'atto da notificare almeno sei mesi prima della data di scadenza del termine per la notifica), il giudice può prescrivere, ai sensi dell'art. 151 dello stesso codice, che la notificazione venga effettuata a mezzo di un corriere internazionale (cfr. Tribunale di Roma 13/09/2006, n. 24892).

Nullità della notificazione (art. 160 c.p.c.)

La notificazione è nulla se non sono osservate le disposizioni circa la persona alla quale deve essere consegnata la copia, o se vi è incertezza assoluta sulla persona a cui è fatta o sulla data, salva l'applicazione degli artt. 156 e 157.

Domande e Risposte

149) E' nulla o inesistente la notificazione di un atto giudiziario effettuata da un messo del giudice di pace in assenza dell'autorizzazione del Capo dell' Ufficio?

Stante l'equiparazione funzionale in materia notificatoria tra il messo di conciliazione e l'ufficiale giudiziario, la notificazione di un atto giudiziario effettuata da un messo del giudice di pace in assenza dell' autorizzazione del Capo dell' Ufficio è nulla e non inesistente.

Pertanto la nullità potrà essere sanata se l'atto abbia raggiunto comunque il suo scopo **(cfr. Cass. Civ. sez. Lavoro 28/01/1999 n. 770; Cass.**

Civ., sez. I, 22/11/2001, n.14767).

150) E' nulla o inesistente la notificazione di un atto giudiziario effettuata da un messo comunale?

Poichè i messi comunali sono competenti soltanto per la notificazione di determinati atti amministrativi, la notificazione di un atto giudiziario eseguita dal messo comunale si colloca al di fuori delle sue attribuzioni ed è pertanto giuridicamente inesistente **(cfr. Cass. Civ. sez. Lavoro 23/08/2004 n. 1659).**

151) La sanatoria prevista per gli atti processuali dagli artt. 156 e 157 c.p.c. è applicabile nell'ambito del procedimento amministrativo?

Assolutamente no. Se la notificazione è stata eseguita in relazione ad atti amministrativi non può essere sanata per il fatto che l'atto abbia raggiunto il suo scopo, non trovando applicazione nell'ambito del procedimento amministrativo la sanatoria prevista in via esclusiva per gli atti processuali dagli artt. 156 e 157 c.p.c. **(cfr.**

Cass. Civ. sez. Lavoro 28/01/1999 n. 770; Cass. Civ. sez. I 22/11/2001 n.14767).

152) Salvo i casi eccezionalmente previsti, la notifica può essere effettuata, oltre che dall'ufficiale giudiziario, da un soggetto terzo con veste istituzionale?

Assolutamente no. La giurisprudenza ha chiarito che è inesistente la notifica eseguita via fax dalla parte privata, sia pur seguita in data successiva da una notifica a mezzo posta e nonostante la costituzione in giudizio dell'intimato.

La stessa giurisprudenza ha altresì specificato che la funzione di notificazione degli atti giudiziari civili è assegnata dall'art. 137 c.p.c., quando non è disposto altrimenti, all'ufficiale giudiziario; nella circostanza è stato anche precisato che, conseguentemente, la notificazione di un atto introduttivo del processo, effettuata anche per il tramite di soggetto terzo con veste istituzionale (nel caso a mezzo di un "Commissariato di P.S.") determina la inesistenza assoluta dell'atto e rende il ricorso inammissibile, trattandosi di soggetto estraneo all'organizzazione giudiziaria e non abilitato a tali adempimenti **(cfr. Cass. Civ. sez. Trib.13 luglio 2012 n. 11931).**

153) E' valida la notifica effettuata al domiciliatario indicato erroneamente come procuratore e non al procuratore costituito?

Si, é pienamente valida ed efficace. L'errore formale nell'individuare la qualità di procuratore non integra infatti un requisito formale indispensabile per il raggiungimento dello scopo.

In particolare, la Cassazione ha enunciato in materia il principio secondo cui: *"quando la parte ed il suo difensore hanno eletto un identico domicilio con indicazione dello stesso domiciliatario, la circostanza che la notificazione della sentenza sia indirizzata presso il comune domiciliatario alla parte e non al difensore presso di esso, non esclude l'idoneità della notificazione all'effetto di cui all'art. 285 c.p.c."* **(cfr. Cass. Civ. sez. III 06 settembre 2012 n. 14962).**

Parte seconda

Le notificazioni effettuate dagli avvocati (Legge 21 gennaio 1994, n. 53)

Domande e Risposte

154) Possono gli avvocati fare le notifiche?

La legge 21 gennaio 1994, n. 53 attribuisce la potestà di notificazione agli avvocati, senza l'intermediazione dell'ufficiale giudiziario, per tutti gli atti in materia civile, amministrativa e giurisdizionale, previa autorizzazione del Consiglio dell' Ordine degli Avvocati .

L'avvocato che notifica "in proprio" deve tenere un registro cronologico, conforme al modello ministeriale, numerato e vidimato in ogni mezzo foglio dal Presidente del Consiglio dell' Ordine (o da un consigliere delegato).

155) Gli avvocati autorizzati dal consiglio dell'ordine a effettuare notifiche possono effettuare la notificazione a mani del destinatario o di un consegnatario dell' atto?

Soltanto se il destinatario è un avvocato che riveste la qualità di domiciliatario di una parte. Il destinatario deve inoltre essere iscritto nello stesso albo dell'avvocato notificatore e l'atto deve essere preventivamente vidimato (originale e copia) dal consiglio dell'ordine.

In tale ipotesi, la copia dell'atto può essere consegnata esclusivamente al destinatario (a mani proprie) e, soltanto nell'ipotesi di assenza del destinatario, a mani di persona addetta allo studio o al servizio del destinatario (unici possibili consegnatari della notifica).

156) Gli avvocati autorizzati dal consiglio dell'ordine a effettuare notifiche possono effettuare notificazioni a mezzo del servizio postale?

Gli avvocati possono effettuare notifiche a mezzo del servizio postale con le modalità previste dalla legge n. 890/1982, utilizzando le apposite buste e gli appositi avvisi di ricevimento di colore verde conformi al modello stabilito dalle Poste.

L'avvocato notificatore deve compilare la busta

(apponendo anche la propria firma nell'apposito spazio) e l'avviso di ricevimento, riportando anche il numero di cronologico dell'atto.

Per le notificazioni effettuate prima dell'iscrizione a ruolo della causa (ad esempio, per la notifica dell'atto di citazione), l'avvocato deve indicare come mittente la parte istante o il suo procuratore; in corso di causa invece deve indicare come mittente l'ufficio giudiziario innanzi al quale si procede.

L'avvocato notificatore deve redigere la relazione di notifica sull'originale e sulla copia da notificare. Deve altresì far apporre, da parte dell'ufficio postale, in calce all'originale e alla copia dell'atto, il timbro di vidimazione. Trattiene quindi l'originale vidimato e consegna la copia da spedire (con busta e avviso di ricevimento già compilati) all'ufficio postale che provvede all'inserimento della copia nella busta, alla chiusura del plico e, ovviamente, alla spedizione **(cfr. Legge 21/01/1994, n. 53).**

157) L'avvocato autorizzato dal consiglio dell'ordine a effettuare notificazioni è tenuto a corrispondere diritti per gli atti che notifica in proprio?

L'avvocato notificatore é tenuto ad apporre, sull'originale dell'atto da notificare, marche da bollo del seguente importo:
-Euro 2,58 per gli atti aventi fino a due destinatari;
-Euro 7,75 per gli atti aventi da tre a sei destinatari;
-Euro 12,19 per gli atti aventi più di sei destinatari.

Gli Uffici giudiziari sono tenuti a vigilare sulla esatta osservanza di tale formalità, la cui omissione comporta l'applicazione delle sanzioni previste per l' imposta di bollo **(cfr. Art. 2 D.M. 27 gennaio 1994; art. 10 Legge n. 53/1994).**

158) Quali limiti territoriali incontra un avvocato che notifica in proprio un atto giudiziario a mezzo del servizio postale?

Nei confronti dell'avvocato che notifica un atto giudiziario a mezzo posta senza l'intermediazione dell'ufficiale giudiziario non può configurarsi alcuna questione di competenza territoriale, non incontrando egli alcun limite territoriale alla sua potestà notificatoria **(Cass sez. Lavoro n. 1938 del**

19/02/2000).

159) Gli avvocati autorizzati dal consiglio dell'ordine a effettuare notifiche possono effettuare notifiche per via telematica?

I difensori possono eseguire notifiche ai soggetti abilitati esterni con mezzi telematici, trasmettendo copia informatica dell'atto sottoscritta con firma digitale all'indirizzo di Posta Elettronica Certificata del destinatario. Nel corpo del messaggio è inserita la relazione di notificazione **(Artt. 1, 3-bis e 4 Legge 21/01/1994 n. 53 e successive modifiche; art. 18 D.M. 21/02/2011 n. 44).**

160) E' nulla o inesistente la notificazione effettuata da un avvocato in mancanza dei requisiti prescritti dalla legge n. 53 del 1994?

La notificazione effettuata da un avvocato in assenza dei requisiti prescritti dalla legge n. 53 del 1994 é nulla e non inesistente, stante l'equiparazione funzionale in materia notificatoria tra l'avvocato e l'ufficiale giudiziario contenuta nella legge medesima.

La nullità potrà pertanto essere sanata con la costituzione della parte e in ogni altro caso in cui sia raggiunta la prova della avvenuta comunicazione dell'atto al destinatario **(cfr. Cass. Sez. Unite n. 1242 del 01/12/2000).**

La notificazione al condominio

161) A chi va consegnata la copia di un atto da notificare al condominio?

Va consegnata all'amministratore del condominio ai sensi dell'art. 145 c.p.c. 2° comma. Il richiamo al secondo comma dell'art. 145 c.p.c. è suggerito dalla natura stessa del condominio che non è una persona giuridica, ma un ente collettivo o ente di gestione. Pertanto non ha una sede in senso tecnico, a meno che non abbia designato, nell'ambito dell'edificio, un luogo espressamente destinato e di fatto utilizzato per l'organizzazione e lo svolgimento della gestione condominiale.

Per cui la notifica può essere effettuata o presso lo studio dell'amministratore, oppure presso il portiere dello stabile, o qualora non vi sia il portiere dello stabile, presso un condomino che accetti di ricevere l'atto.

Nel caso in cui non vi sia il custode e l'ufficiale giudiziario non trovi alcun condomino disponibile a riceverlo, la parte istante dovrà individuare lo studio dell'amministratore, non essendo possibile notificare l'atto ai sensi dell'art 140 c.p.c.

162) E' valida la notifica effettuata al condominio ricevuta dalla moglie di un condomino?

No, a meno che la moglie del condomino non sia stata incaricata a ricevere atti giudiziari, o risulti essere addetta alla sede.

163) A chi va effettuata la notifica ad un condominio privo di amministratore?

Ad uno dei condomini, anche se, per evitarne la nullità, é consigliabile effettuare la notifica a tutti i componenti del condominio che, ai sensi dell'art. 1129 c.c., qualora manchi l'amministratore, non possono essere più di quattro. La notifica a un solo condomino è affetta da nullità sanabile con la costituzione in giudizio del destinatario, ossia del condominio.

164) La domanda giudiziale di annullamento di delibera dell'assemblea condominiale può essere notificata presso il condominio?

Si. Può essere notificata, presso il condominio, al portiere dello stabile o a un condomino o a persona addetta alla sede, o incaricata a ricevere gli atti, anche se l'ufficio dell'amministratore sia altrove.

La notifica è comunque diretta al condominio, in persona dell'amministratore pro tempore.

La notifica dell'intimazione di sfratto

165) In caso di notifica dell'intimazione di sfratto ad una persona giuridica va inviata la raccomandata ai sensi dell'art 660 c.p.c. qualora la notifica non sia stata effettuata nelle mani del legale rappresentante o di persona incaricata al ritiro?

No, atteso che tale adempimento è previsto solo in caso di notifica non a mani proprie del soggetto intimato; ipotesi non configurabile nel caso di notifica a persona giuridica, in quanto l'art. 138 c.p.c. prevede la "notificazione a mani proprie" solo in relazione a persone fisiche **(cfr. Cass. n. 11702 del 05/08/2002).**

166) Quali adempimenti sono necessari per il perfezionamento della notifica di una intimazione di sfratto?

Le intimazioni di licenza o di sfratto devono essere notificate a norma degli artt. 137 ss. c.p.c. E' tuttavia esclusa la notificazione al domicilio eletto di cui all'art. 141 c.p.c.

Tra il giorno della notificazione e quello dell'udienza devono intercorrere termini liberi non inferiori a venti giorni (termine che il giudice, su istanza dell'intimante, può ridurre fino alla metà per le cause di pronta spedizione).

Se l'intimazione non viene notificata a mani proprie, l'ufficiale giudiziario deve:

- spedire, a mezzo lettera raccomandata, avviso all'intimato dell'avvenuta notificazione;
- allegare la ricevuta di spedizione all'originale dell'atto.

La lettera della norma lascia intendere che sia sufficiente la spedizione di una semplice raccomandata, senza la necessità di utilizzare la busta e la cartolina verdi previste per la notificazione degli atti (la norma non parla, in effetti, di notificazione, ma di semplice "spedizione").

Né risulta necessario avvalersi della ricevuta di ritorno, essendo prescritto dalla norma che si alleghi all'originale dell'atto la sola ricevuta di spedizione.

Nella prassi, tuttavia, gli ufficiali giudiziari sono soliti utilizzare le buste di colore verde prescritte per la notificazione degli atti, servendosi anche della ricevuta di ritorno (anch'essa di colore verde) che non verrà comunque allegata all'originale dell'atto, essendo prescritta dal legislatore la semplice allegazione dell'avviso di spedizione.

167) Nel caso in cui l'intimazione di sfratto sia stata notificata a mezzo del servizio postale e ritirata direttamente dal destinatario, occorre inviare l'avviso di cui all'art 660 c.p.c.?

In tale ipotesi, ai fini dell'applicabilità o meno dell'art. 660 ultimo comma c.p.c., ci si chiede se l'intimazione di sfratto possa ritenersi notificata in mani proprie. La lettera della norma, che richiama peraltro l'art. 138 c.p.c., sembrerebbe escludere la necessità dell'avviso nella sola ipotesi di atto notificato dall'ufficiale giudiziario a mani del destinatario.

Si dovrebbe ritenere, pertanto, che tutte le intimazioni o licenze effettuate a mezzo del servizio postale debbano necessariamente essere seguite dalla spedizione dell'avviso di cui all'art. 660 c.p.c.

Ed in tal senso si orientano molti Uffici Notificazioni Esecuzioni e Protesti (UNEP) in cui è invalsa anche la prassi di spedire contestualmente (ma, naturalmente, in buste separate) l'atto da notificare e l'avviso.

Al contrario, equiparando la diretta consegna del plico postale fatta al destinatario con la notificazione a mani proprie di cui all'art. 138 c.p.c., altri Uffici Notifiche ritengono non necessaria la spedizione dell'avviso in tutti i casi in cui l'atto venga ritirato direttamente dal destinatario.

Appendice

168) Quali adempimenti sono necessari per la notificazione di un precetto cambiario o su assegni?

L'atto di precetto cambiario (o su assegni) da notificare deve contenere, a pena di nullità, la trascrizione del titolo, certificata dall'ufficiale giudiziario come corrispondente integralmente al titolo originale.
La relativa certificazione va apposta, di regola, dopo la sottoscrizione del precetto, prima della relazione di notificazione **(cfr. art.63 R.D. 14/12/1933 n. 1669; art. 55 R.D. 21/12/1933 n. 1736), artt. 474 e 480 c.p.c.).**

169) Per l'atto di precetto, di valore inferiore a Euro 1033,00, fondato su un provvedimento del giudice di pace, è prevista l'esenzione dalle spese di notifica?

Il precetto, essendo atto stragiudiziale di parte, non beneficia di alcuna esenzione per valore, ma soltanto per materia.

Pertanto, le spese di notifica di un atto di precetto di valore inferiore ai 1033,00 Euro, fondato su un provvedimento del giudice di pace, restano sempre a carico della parte istante e ciò indipendentemente dal valore dell' atto. Sono invece esenti dalle spese di notifica, ad esempio, gli atti di precetto in materia di lavoro (indipendentemente dal valore) e di separazione **(cfr. art. 46 legge 374/1991 e successive modificazioni).**

170) Come va effettuata la notificazione agli eredi del destinatario deceduto?

La notificazione agli eredi va, in via di principio, effettuata personalmente a ciascuno degli eredi.

Nei casi previsti dalla legge, la notificazione può essere effettuata agli eredi collettivamente ed impersonalmente, nell'ultimo domicilio del defunto, entro un anno dalla morte. Tale forma di notificazione agevolata, facoltativamente consentita da alcune disposizioni **(cfr.: artt. 286 comma I c.p.c.; 303 comma II c.p.c.; 330 comma II c.p.c.; 477 comma II c.p.c.)** sulla base della presunzione di sussistenza di un rapporto di fatto con l'ultimo domicilio del defunto, non può essere utilizzata oltre il periodo stabilito dalla legge (decorso il quale tale presunzione iuris et de iure viene meno) o all'infuori dei casi in cui essa è riconosciuta dall'ordinamento. Non vi è dubbio, infatti, che la norma, in ragione del suo carattere eccezionale, sia insuscettibile di applicazione analogica **(art. 14 disp. prel. c.c.).**

Si esclude che la notifica impersonale e collettiva possa estendersi al pignoramento **(cfr. Cass. civ. sez. III n. 20680 del 25/09/2009).**

171) Quando si perfeziona la notifica di un atto giudiziario in materia civile?

Per il notificante, la notifica si perfeziona al momento della consegna dell'atto all'ufficiale giudiziario.

Per il destinatario, la notifica si perfeziona al momento della sua ricezione, oppure al momento in cui il destinatario ha la legale conoscenza dell'atto (così, se l'atto è notificato a mani del familiare convivente, tale momento coincide con la consegna dell'atto al familiare; se l'atto viene notificato a mezzo del servizio postale e non ritirato, tale momento coincide con la data della compiuta giacenza, etc.).

Ad esempio: se un decreto ingiuntivo viene emesso e depositato in Cancelleria civile in data 31 marzo 2012, dovrà essere portato alla notifica entro il 30 maggio 2012 (il decreto, infatti, perde efficacia se non viene notificato entro 60 giorni).

Se il notificante consegna l'atto all'ufficiale giudiziario per la notifica il 30 maggio 2012, ma l'atto viene notificato il 10 giugno 2012, per il notificante la notifica si ha per effettuata nei termini. Non si potrà pertanto eccepire che il decreto ingiuntivo abbia perso la sua efficacia.

Per il destinatario, invece, la notifica si è perfezionata il 10 giugno 2012 e, pertanto, solo da tale data decorrerà il termine (40 giorni) per fare opposizione.

La prova della tempestiva consegna dell'atto all'ufficiale giudiziario per la notifica può essere fornita dalla ricevuta rilasciata eventualmente dallo stesso ufficiale giudiziario ricevente, oppure, da una semplice attestazione rilasciata dall'ufficiale giudiziario o con qualsiasi altro mezzo idoneo (tra cui, **ad esempio, la specifica dei diritti**

apposta dall'ufficiale giudiziario a margine dell'atto, con indicazione del numero di cronologico e della data di ricezione dell'atto.

Il principio finora esaminato resta valido anche in presenza di una relazione di notifica "negativa", fermo restando l'onere per il notificante di procedere alla rinnovazione della notifica.

Tuttavia, **il principio non è applicabile se il procedimento notificatorio non si perfeziona per errore del richiedente (ad esempio, per errata indicazione, da parte del richiedente, dell'indirizzo del destinatario).**

Se l'atto viene notificato a mezzo posta da un avvocato, per il notificante la notifica si perfeziona alla data di spedizione della raccomandata **(cfr. Corte Costituzionale n. 28/2004; Corte Costituzionale n. 107/2004).**

172) Con quali formalità deve essere richiesta la notificazione di un atto all'ufficiale giudiziario?

Non esistono particolari formalità per la richiesta di notifica di un atto all'ufficiale giudiziario. La richiesta può essere fatta recandosi direttamente, negli orari di ricezione degli atti, presso l'Ufficio Notificazioni Esecuzioni e Protesti del Tribunale o della Corte d'appello competente.

In alternativa, la richiesta può essere effettuata mediante invio dell'atto (originale, copia da notificare e lettera di accompagnamento) a mezzo posta, richiedendo la restituzione dell'originale dell'atto notificato in contrassegno.

Se viene depositata una somma di denaro, l'ufficiale giudiziario dovrà rilasciarne ricevuta.

Se l'importo versato supera il costo effettivo dell'atto, la parte può richiedere entro sei mesi la restituzione della differenza, utilizzando la stessa ricevuta rilasciata dall'ufficiale giudiziario (contenente voce apposita per la richiesta di restituzione).

Decorsi sei mesi senza che la parte abbia richiesto la restituzione della somma all'ufficiale giudiziario, la differenza verrà devoluta all' erario **(cfr. art. 145 D.P.R.15/12/1959 n. 1229).**

173) A chi compete il rilascio di copia per uso trascrizione di un atto di parte?

Il rilascio di copia per uso trascrizione di un atto di parte notificato dall'ufficiale giudiziario compete allo stesso ufficiale giudiziario.

Tuttavia, il rilascio della copia per uso trascrizione compete al cancelliere in tutti quei casi in cui l'ufficiale giudiziario non é più in possesso dell'originale dell'atto notificato.

Ciò può avvenire, **ad esempio, quando il procuratore dell'attore ritira presso l'UNEP l'originale dell'atto di citazione notificato e lo deposita in Cancelleria per iscriverlo a ruolo.**

Se l'atto è stato notificato in proprio dall'avvocato che rappresenta la parte, il relativo rilascio compete in tutti i casi al cancelliere **(cfr. art. 111 D.P.R. n. 1229/1959; Cass. n. 12516/1993).**

174) A chi va richiesta la copia conforme dell'atto da notificare?

La relativa richiesta va fatta all'organo depositario dell'originale dell'atto da notificare.

L' ufficiale giudiziario è peraltro competente al rilascio di copie degli atti di parte o rilasciati da altro pubblico ufficiale per uso notifica.

L'ufficiale giudiziario che non è in possesso dell'originale ma soltanto di una copia conforme dell'atto da notificare, può rilasciare la relativa copia per tale uso.

Dovrà tuttavia attestare che viene rilasciata copia conforme ad altra copia rilasciata da altro pubblico ufficiale (e non copia conforme all'originale) esclusivamente per uso notifica **(cfr. art. 111 D.P.R. 1229/1959).**

175) Quali sono le formalità che l'ufficiale giudiziario deve osservare al fine di rispettare il diritto alla privacy del destinatario al momento della notifica?

Al fine di tutelare il diritto alla riservatezza del destinatario, il legislatore ha imposto che:

- il destinatario deve essere ricercato nella sua casa di abitazione prima di ogni altro luogo;
- in tutti i casi in cui la notifica non avviene a mani proprie del destinatario, la copia dell'atto deve essere consegnata (o depositata) in busta chiusa e sigillata su cui l'ufficiale giudiziario trascrive il numero cronologico della notificazione

(senza apporre sulla busta segni o indicazioni dai quali possa desumersi il contenuto dell'atto).

Delle predette formalità l'ufficiale giudiziario dà atto nella relazione di notifica (sull'originale e sulla copia notificata) **(cfr. art.138 c.p.c.).**

Indice generale

www.ingramcontent.com/pod-product-compliance
Lightning Source LLC
Chambersburg PA
CBHW060839170526
45158CB00001B/191
9781291245646